A ARTE DE DESCONSTRUIR

Editora Appris Ltda.
1.ª Edição - Copyright© 2025 dos autores
Direitos de Edição Reservados à Editora Appris Ltda.

Nenhuma parte desta obra poderá ser utilizada indevidamente, sem estar de acordo com a Lei nº 9.610/98. Se incorreções forem encontradas, serão de exclusiva responsabilidade de seus organizadores. Foi realizado o Depósito Legal na Fundação Biblioteca Nacional, de acordo com as Leis nºs 10.994, de 14/12/2004, e 12.192, de 14/01/2010.

Catalogação na Fonte
Elaborado por: Josefina A. S. Guedes
Bibliotecária CRB 9/870

A447a
2025
	Alface, Leandro
	   A arte de desconstruir / Leandro Alface. – 1. ed. – Curitiba: Appris: Artêra, 2025.
	   99 p. ; 21 cm.
	
	   ISBN 978-65-250-7727-7
	
	   1. Desconstrução. 2. Autoanálise. 3. Técnicas de autoajuda. I. Título.
	
	                                                    CDD – 158.1

Appris editorial

Editora e Livraria Appris Ltda.
Av. Manoel Ribas, 2265 – Mercês
Curitiba/PR – CEP: 80810-002
Tel. (41) 3156 - 4731
www.editoraappris.com.br

Printed in Brazil
Impresso no Brasil

LEANDRO ALFACE

A ARTE DE DESCONSTRUIR

Curitiba, PR
2025

FICHA TÉCNICA

EDITORIAL	Augusto V. de A. Coelho
	Sara C. de Andrade Coelho
COMITÊ EDITORIAL	Ana El Achkar (Universo/RJ)
	Andréa Barbosa Gouveia (UFPR)
	Jacques de Lima Ferreira (UNOESC)
	Marília Andrade Torales Campos (UFPR)
	Patrícia L. Torres (PUCPR)
	Roberta Ecleide Kelly (NEPE)
	Toni Reis (UP)
CONSULTORES	Luiz Carlos Oliveira
	Maria Tereza R. Pahl
	Marli C. de Andrade
SUPERVISORA EDITORIAL	Renata C. Lopes
PRODUÇÃO EDITORIAL	Sabrina Costa da Silva
REVISÃO	Bruna Fernanda Martins
DIAGRAMAÇÃO	Amélia Lopes
CAPA	Eneo Lage
REVISÃO DE PROVA	Jibril Keddeh

AGRADECIMENTOS

Eu não poderia começar a escrever este livro sem agradecer a todas as pessoas que me encorajaram e me apoiaram.

Primeiramente, agradeço ao universo por me permitir transcrever este livro, que já era real em meus pensamentos.

À minha esposa, com a qual divido as minhas conquistas, por ser peça fundamental em minha transformação, por acreditar em mim e em minha evolução como ser. Te amo, esposa tão maravilhosa.

Ao meu filho, por também ser uma peça fundamental de minha transformação. Te amo, meu filho querido, você é um verdadeiro presente de Deus na vida do papai.

Gostaria de agradecer ao meu mentor de vida, o qual não quer se identificar ainda, mas que me ajudou em cada pedacinho de todas as histórias e a todo momento estava ao meu lado.

Ao meu grande amigo PJA minha mais profunda e sincera gratidão.

Aos meus queridos pais e à minha querida irmã, por fazerem parte da minha vida e também me ajudarem a chegar até aqui.

Por fim, agradeço a todas as pessoas que de alguma forma fizeram parte da minha jornada e me ajudaram a desconstruir os meus pensamentos, hábitos, comportamentos e o principal, a minha mentalidade. A todos a minha gratidão por serem ferramentas tão importantes para o meu desenvolvimento e crescimento pessoal.

APRESENTAÇÃO

A arte de desconstruir – aprender, desaprender e reaprender para o crescimento

Vivemos em um mundo acelerado, repleto de informações e crenças que moldam nossa forma de pensar e agir. No entanto, muitas dessas crenças, por mais úteis que tenham sido em determinado momento, podem se tornar obstáculos para o crescimento. A verdadeira evolução não acontece apenas pelo acúmulo de novos conhecimentos, mas pela capacidade de abrir espaço para o novo.

Em *A arte de desconstruir* compartilho minha visão sobre o que considero a trinca do crescimento: aprender, desaprender e reaprender. Mais do que adquirir novas informações, o grande desafio está em soltar aquilo que já não faz sentido, questionar padrões e permitir-se reconstruir novas formas de enxergar a vida.

Por meio de histórias reais e experiências transformadoras, guio você, leitor, numa jornada de reflexão e autoconhecimento. Cada capítulo apresenta situações vividas por mim, que mostram como a desconstrução pode ser uma ferramenta poderosa para o desenvolvimento pessoal. Com exemplos práticos e lições profundas, demonstro que, embora o desapego seja desafiador, ele pode ser treinado e se tornar um hábito essencial para quem deseja crescer continuamente.

Desejo que este livro não apenas te informe, mas te inspire! Aceite este convite de olhar para sua própria trajetória, identificar suas crenças limitantes e se permitir uma nova perspectiva sobre a vida. Assim, ao longo das páginas, você será desafiado a se libertar de pensamentos engessados, hábitos nocivos e modelos ultrapassados que impedem sua evolução.

A desconstrução não significa perder, mas ganhar espaço para novas possibilidades. É um ato de coragem, uma escolha consciente de transformação. Você está preparado para essa jornada?

O autor

PREFÁCIO

'Desconstruir' é uma palavrinha tão curta, não é verdade? São 13 letras aparentemente inofensivas que, combinadas, indicam a entrada de uma caverna profunda onde, na ausência de luz, precisamos tatear cuidadosamente cada passo até que a nossa mente se reorganize diante da nova realidade onde nos metemos.

Nossa bagagem histórica de cristianismo institucional nos ensina a "fugir das sombras", a "combater a escuridão", a buscar somente a luz. Curioso é que, no primeiro ato da criação, no mito da Gênese, Deus diz: *fohat lux* (faça-se a luz), e a luz se fez. Ora se o Todo precede toda criação, e o seu ser sempre foi, sempre é, e sempre será, o mito sugere que foi nas trevas, da escuridão, que a inteligência criadora chamou a luz à existência.

Penso que a escuridão é o palco da luz. Sem o contraste da escuridão nunca saberíamos que "a luz é luz". É quando não enxergamos nem um palmo diante de nosso próprio nariz que o poder criativo é chamado a existir e se manifestar. Somos tão apegados a certas crenças que jogamos no porão de nós mesmos uma porção gigante da nossa própria personalidade, nos adaptando todos os dias ao contexto que nos cerca. Essa adaptação é útil e necessária para a vida prática, mas chega a hora em que se torna pesada demais. Nos tornamos "cavaleiros presos dentro de nossa própria armadura", sem mais nos lembrar quem de fato somos antes de todos os papéis sociais que precisamos desempenhar. Nosso porão interior fica cheio de partes de nós mesmos, escondidas para além da luz da nossa consciência. Partes de nós que também querem participar da expressão do nosso ser. Quando esses fragmentos da nossa essência se acumulam nas sombras da nossa alma, adoecemos com a perda de sentido, o mal generalizado do novo milênio.

Nossa essência, enquanto seres humanos, é significar a realidade que nos cerca a partir de quem nós somos. E dentre muito do que somos, enquanto microcosmo do Todo, somos doadores de significado por natureza. O significado completo só emerge do ser completo. Buscar a completude é trabalhar na integração de si mesmo todos os dias, pois "o que está fora é como o que está dentro, e o que está dentro é como o que está fora", diz o aforismo hermético.

Muitas vezes pensamos ser completos, mas, deprimidos, nos descobrimos carentes de sentido. A ausência do sentido pode indicar que não somos tão completos quanto achávamos que fôssemos. É quando precisamos encarar a escuridão do nosso porão, desaprender muito sobre o que supúnhamos saber de nós mesmos, para então nos redescobrir mais inteiros. E este é um processo cíclico que nos acompanhará por toda a vida.

Em uma sociedade viciada na positividade tóxica que invadiu nossas redes sociais, onde só compartilhamos momentos "instagramáveis" de uma vida perfeita que não existe e nunca existiu, tomar contato com os textos corajosos do Leandro, contando de sua própria desconstrução, tantas vezes embaraçosa, nos traz um alento de verdade. Digo que são textos corajosos porque, longe de oferecerem uma fórmula mágica para o sucesso, desnudam a realidade de um ser humano buscador, em seu processo de assimilação e equilibração do próprio ser, nada diferente de cada um de nós. Ele é simplesmente gente como a gente. Gente de verdade, não de Instagram.

O falatório interminável da nossa era nos faz surdos para a individualidade do outro. Muito mais do que dados e infográficos compilados por grandes centros de pesquisa financiados pela intenção de "um alguém oculto", histórias de vida têm um poder mágico. Elas não pretendem nos provar nada, mas no simples ato de compartilhá-las, descobrimos aspectos de nós mesmos que se conectam e se sentem pertencer a um mesmo mistério.

Seja bem-vinda e bem-vindo à entrada de uma caverna que pode insinuar que o seu momento de desconstruir chegou.

Um abraço grande,
Sit Circulum semper vobiscum!

Juliano Pozati
Fundador do Círculo Escola Filosófica
22 de março de 2025.

SUMÁRIO

INTRODUÇÃO 13

PARTE 1
ABRINDO OS OLHOS PARA A VERDADE 17
1.1 Fragmentação das áreas da vida 19
   1.1.1 Ética e Moral 19
   1.1.2 Emocional 21
   1.1.3 Mental/Cognitivo 23
   1.1.4 Físico 24
   1.1.5 Espiritual 25
   1.1.6 Familiar 27
   1.1.7 Social 30
   1.1.8 Profissional 32
   1.1.9 Financeiro 35
   1.1.10 Tempo de qualidade 36
   1.1.11 Ambiente 38
   1.1.12 Conclusão 39

PARTE 2
ACEITANDO A VERDADE PARA A DESCONSTRUÇÃO 41
2.1 Abrindo espaço para o novo 43
2.2 Aprendizado contínuo 45
2.3 Como começar esse processo? 46
   2.3.1 Primeiro passo: RECONHECER O QUE JÁ NÃO LHE SERVE 46
   2.3.2 Segundo passo: ACEITAR O DESCONFORTO DO DESAPEGO 47
   2.3.3 Terceiro passo: FOQUE NA EVOLUÇÃO E NÃO NA PERFEIÇÃO 50
   2.3.4 Quarto passo: PRATICAR A HUMILDADE DE RECOMEÇAR 51

PARTE 3
VELHA MENTALIDADE X NOVA MENTALIDADE 55
3.1 Como transformar sua mentalidade em uma ferramenta poderosa e rara? 56
3.2 Zona de conforto 56
3.3 Crenças limitantes 59
3.4 Falta de Exposição 63
3.5 Preparando sua mentalidade de crescimento 64
    3.5.1 Inspire-se em pessoas 64
    3.5.2 Cultive espaços de troca 65
    3.5.3 Aceite o tempo de cada um 66

PARTE 4
APRENDENDO A DESCONSTRUIR 69
4.1 Primeira desconstrução consciente 69
    4.1.1 Conclusão e observações gerais 72
4.2 Desconstruindo Corpo e Mente 74
4.3 Abandonando medos e inseguranças 80
4.4 Desconstruindo a dependência de relacionamentos 84
4.5 Sucesso profissional 85
4.6 Desapego Religioso 86
4.7 Desconstruindo o medo da escassez 90
4.8 Construindo uma visão de sucesso 92
4.9 O ciclo contínuo da desconstrução 93

CONSIDERAÇÕES FINAIS 97

INTRODUÇÃO

Por que é necessário DESCONSTRUIR? Dado que toda a nossa vida é feita de construções e que muitas são as crenças e paradigmas que vão sendo acumulados ao longo dos anos, e que por muitas vezes se torna o pilar central o engessamento da vida das pessoas, causando uma paralisia generalizada, em que, nos casos mais graves, as pessoas perdem a vontade de viver. E o lado oposto disso são as pessoas bem--sucedidas que não tiveram medo algum de largar para traz tudo o que não lhes servia, para alçar voos incríveis.

O que vamos fazer aqui neste livro? Primeiro que eu venho de uma vida inteira feita de desconstrução, e hoje só é possível você ter acesso a esta obra graças à minha capacidade de desconstruir. Dado que eu era no tempo de escola lá dos anos oitenta a dois mil a ovelha negra de todas as turmas e escolas em que já passei. Já inicio esta desconstrução trazendo um breve relato de como foi uma parte da minha formação. Em meados dos anos noventa, no antigo colegial, algumas professoras que eram amigas entre si costumavam falar em aula para mim que eu só teria dois Cs para meu futuro, um de cadeia e o outro de cemitério. E uma construção de crença ainda maior, para que eu aqui esteja escrevendo este livro hoje, com um pouco mais de quarenta anos, foi porque até há uns oito anos atrás eu nem sequer queria pegar em um livro nas mãos para ler, já que quando pequeno uma professora de português percebia que eu ficava muito nervoso e ansioso ao ser chamado para leitura, quando ainda me mandava ficar em pé para ler, o nervosismo era tão extremo que eu cheguei fazer xixi na calça, tamanho o desafio. Foi aí que peguei tanta raiva da escola e principalmente da matéria português, e nunca me imaginaria aqui sentado tão empolgado escrevendo este livro.

Esta obra terá como ponto principal histórias de vida que foram totalmente transformadas, ou melhor, reconstruídas, para que uma nova pessoa fosse escalando novas etapas da vida. Reflita sobre esta frase clichê "INSANIDADE MESMO É CONTINUAR FAZENDO A MESMA COISA E ESPERAR RESULTADOS DIFERENTES".

    Por falar em vida, vamos abordar com base em exemplos de desconstrução e reconstrução todas as onze áreas da nossa vida. Já que somos seres integrais e uma área nunca estará sozinha, todas sempre estarão interligadas. E mais, muitas vezes uma só melhora quando reconstruímos outra. Quer um exemplo simples já para tirar você do seu conforto? Você nunca vai destravar para ganhar muito dinheiro na vida. Se achar que ele é sujo. Que não é de Deus. Que não merece tudo isso. Que só traz coisas ruins para a vida dos outros que têm dinheiro. Que pessoas que têm muito dinheiro não prestam. Agora eu te pergunto, o que passou pela sua cabeça ao ler essas frases? Qual delas você já falou, ou, melhor ainda, quem te ensinou isso? E você percebe que isso não tem nada a ver com a área da vida financeira, mas que se eu não desconstruir meus pensamentos sobre essas outras áreas da vida, eu não vou destravar o financeiro porque estão ligadas.

    Se você é uma pessoa que gosta do autoconhecimento, e que está na busca por respostas sobre a sua vida e o que pode estar te atrapalhando no seu processo, este livro vai trazer para você histórias reais de superação e ferramentas incríveis que foram lapidadas durante décadas por esse visionário que entende hoje o verdadeiro significado de ovelha negra. Esta obra vai te provar, se você se permitir treinar essa grande habilidade que é desconstruir. E sabe de uma coisa, como é bom ser uma ovelha negra, para poder falar muito sobre temáticas sem mimimi, falar sobre questões disruptivas do meu jeito, algo direto e informal, mas não menos importantes, que estão relacionadas à essência principal da desconstrução e tudo que está por trás da nossa trinca do crescimento. Será um prazer ter você aqui comigo, espero que assim como para mim, seja uma obra transformadora para você também.

Nivelamento

    Para que possamos expandir a nossa capacidade ao máximo durante esta leitura, tenha em mente o real significado das três palavras mais importante deste livro.

Aprendizado – é o processo de adquirir novos conhecimentos, habilidades ou comportamentos. Isso pode acontecer de várias formas. Seja estudando, observando, praticando ou experimentando. O aprendizado geralmente é guiado por curiosidade, necessidade ou interesse.

Desconstrução – esse é o processo de desfazer ou desapegar de crenças, hábitos ou conhecimentos que já não servem mais ou que estão errados. A desconstrução não significa apagar o que foi aprendido, mas sim questionar e deixar de lado padrões que podem estar limitando o seu crescimento.

Reaprendizagem – depois de desconstruir, é comum precisar aprender uma nova forma ou com uma nova perspectiva. Reaprender é atualizar o conhecimento, adaptando-se a novas realidades ou contextos.

Em resumo

- **Aprender** é algo novo.

- **Desconstruir** é questionar ou abandonar o antigo.

- **Reaprender** é atualizar ou substituir o antigo por algo mais útil.

Partiremos com esse direcionamento, visto que este livro foi pensado para que, por meio da observação de exemplos práticos vivenciados e descontruídos, possa te ajudar a se transportar para casos talvez muito parecidos com os seus, para que lhe ajude a transpor tudo o que precisa. E dessa forma alcançar sua vida dos sonhos.

Por fim, conto apenas com seu nível de compreensão para esta leitura, pois este escritor em construção vem de desconstruções. Após tomar a coragem de dar o primeiro passo de encontro ao seu grande sonho, ilustrando decisões com casos reais, espero poder ajudar o seu movimento de desconstrução. Todo momento em que me coloco na posição de julgamento me fecho para viver o novo.

Todos nós carregamos a imperfeição, e é quando passamos a reconhecer as nossas imperfeições que começaremos o nosso processo de reconstrução.

PARTE 1
ABRINDO OS OLHOS PARA A VERDADE

Por muitos anos eu não sabia quem eu era, por muitos anos eu vivia pelas sombras sendo quem os outros queriam que eu fosse, me afastando cada vez mais da minha essência. Mas não pense você que isso ocorre do dia para a noite, tem toda uma construção de anos, que me levou sutilmente para o fundo do poço. "Ahhhhhhh o fundo do poço, nada melhor que ele para nos fazer olha para cima, olhar para a luz", mas acredite, mesmo vendo a luz, é muito difícil deixar tudo para traz para ir de encontro com a tão sonhada luz. Em todo processo existem perdas, bem ou mal, somos nós que escolhemos o que entra e o que sai. Difícil, né? Como é difícil evoluir, perder amigos, mudar de trabalho, deixar de frequentar velhos ambientes. Dói muito, né? Mas eu te pergunto, para alcançar a vida dos seus sonhos, e quando eu falo dos seus sonhos, são os seus mesmos, não os copiados de alguém ou talvez influenciados, já que essa é uma palavra tão real e tão atual.

Se hoje eu te perguntasse, QUEM É VOCÊ? Como você me responderia? (Se quiser até anotar, para que você veja um pouco mais para frente, e tirar suas próprias conclusões de quem é você na sua visão hoje.)

Nossa vida é dividida em onze áreas, e serão essas onze áreas que nos farão desconstruir e dar início a uma nova reconstrução. Mas para isso, dado o entendimento que você parou para anotar quem você é na sua visão, vamos falar sobre nossa trinca do crescimento.

Nossa trinca do crescimento vai te ajudar a se desenvolver em todas as áreas da sua vida. Ela é composta por três palavrinhas bobinhas, porém se aplicadas de forma correta trarão um efeito transformador não só para você, mas todos ao seu redor (para com os outros vou deixar você refletir... rs.)

Se quiser pode desenhar aí um triangulo equilátero. E na base esquerda dele você coloca a palavrinha APRENDER, porque nós só somos capazes de crescer aprendendo. Porém, primeira lição, nós só aprendemos realizando a ação, pouco se aprende via instrução.

No topo do triangulo escreve aí DESAPRENDER. Essa talvez a mais perturbadora das palavras, pois exige um grau elevado de humildade e resiliência. Já que estamos falando lá do fundo do poço, em que tudo que estamos retendo nos mantém lá embaixo.

Na base direita a palavrinha mais brilhante que você vai escutar aqui é REAPRENDER. Palavra essa que é uma divisão tênue de um caminho que você possa ter errado sutilmente. E que boa parte você até já sabe como, porém em algum momento partiu para o lugar não desejado. E que aqui faremos com que você aumente sua capacidade de autoconhecimento para que não pegue desvios mais longos, mas que sim consiga pegar atalhos para o seu crescimento.

Com essa trinca teremos clareza do que precisa ser feito para que tenhamos uma vida de crescimento exponencial.

A ideia aqui é enfatizar a lógica da trinca.

Imagine você um casal de namorados que almeja se casar. Ambos dividem o mesmo desejo de terem seu lugarzinho para morar. O casal junta forças e conquista um terreno. Felizes com a aquisição, passam a desejar a materialização da casa no terreno. Passado um tempo eles percebem que para casar-se mais rápido, terão de fazer uma casinha de apenas três cômodos.

Após alguns anos de casados, vem a notícia de que serão papais, mas logo percebem que deverão aumentar a casa, porém, a estrutura atual não comporta mais um cômodo, mesmo o terreno sendo grande. O que eles terão de fazer? Desconstruir a casa. Para que uma maior e com mais estrutura atenda às necessidades da família. Dentro dessa nova construção, algumas coisas serão aproveitadas e outras descartadas. E só o olhar para o propósito maior que os move vai permitir que eles desconstruam a casinha atual.

Consegue perceber a importância do movimento de crescimento? Há momentos da nossa vida que serão do jeito que der, mas terão outros momentos que deveremos crescer de forma pensada e organizada. Então a moral da história que eu gostaria de trazer até você agora é, não importa a forma que te trouxe até aqui. Importa o que você vai fazer daqui para frente. Agora você tem a oportunidade de crescer da forma correta e estruturada, retirando o que não lhe serve mais e o que você pode aproveitar para uma nova etapa que se aproxima.

1.1 Fragmentação das áreas da vida

1.1.1 Ética e Moral

Certa vez, em uma noite de estudos, veio a seguinte pergunta: quem é você?

Eu, vestido em um poderoso ego, já disparei: "eu sou empresário profissional de educação física especialista em fisiologia do exercício. Trabalho em uma área inovadora da atividade física desenvolvida por mim mesmo".

A condutora do estudo em uma humildade infinita me devolve sutilmente, "eu gostei muito de saber o que você faz, mas eu gostaria muito de saber: quem você é?" Foi aí que travei e já não conseguia processar mais nada, tudo tinha perdido o sentido, porque eu nunca havia me atentado que eu mesmo não sabia quem eu era, e o pior, eu nunca tinha nem sequer pensado nisso em nenhum outro dia da minha existência. Foram segundos que pareciam horas na minha cabeça. Eu, com um olhar desorientado, quase implorava para que me dissesse quem eu era de verdade. Porque naquele momento eu tinha um grande vazio existencial.

Foi aí que uma menina que fazia parte dos estudos levantou a mão e pediu para se apresentar. Eu na mesma hora olhei para a menina já esperando uma resposta a qual me ajudaria a tirar esse profundo vazio que havia em mim naquele momento.

Com a autorização da condutora a menina começa: "Oi, meu nome é fulana, eu sou uma menina de princípios morais que se aproximam muito dos moldes cristãos, zelo muito por minha honra herdada dos meus pais e me afasto de tudo o que não seja reto para meus princípios, tenho por ética zelar pelo amor e empatia de todas as pessoas, a contar de mim em primeiro lugar".

Nessa hora a minha cabeça travou de vez, eu só pensava comigo mesmo, meu Deus do céu, eu nunca iria pensar nisso se essa menina não tivesse falado. Mas apesar de tudo que eu já tinha passado nessa reunião eu saí de lá com um norte. E foi a partir desse momento que passei a olhar para os meus verdadeiros princípios éticos e morais.

E é baseado nesses fundamentos éticos morais que eu lhe pergunto novamente, quem é você? Tem a mesma linha que a menina me trouxe?

Eu hoje, se fosse me apresentar aqui segundo tudo o que acredito, diria: "hoje eu estou Leandro Alface, um ser universal, que zela por princípios retos e segue uma conduta moral reta. Não me permitindo estar com pessoas se não iguais ou melhores que eu apenas, fazendo sempre a minha parte como cidadão do bem que preza pela empatia de mim e minha família".

E eu afirmo aqui que quem não zela ou segue uma vida reta pode até ter dinheiro, porém nunca terá a cabeça tranquila diante de outras pessoas e mesmo dos seus próprios pensamentos. O que eu sempre digo é, uma pessoa pode ser do nariz para fora quem ela quiser que pensem dela, porém do nariz para dentro ela nem sabe quem é de verdade. Já dizia o dizer, o seu inimigo sabe mais sobre você do que você mesmo.

Então, sobre ética e moral eu não posso ditar como você vai seguir daqui para frente, só o autoconhecimento vai te ajudar a saber mais sobre você mesmo. Por isso já comecei com essa área da vida tão poderosa. E é começando nesse nível alto de pensamento que quero te ajudar a se encontrar. Porque podemos até saber aonde queremos chegar, os sonhos que desejamos, realizações, porém se não encontrarmos onde estamos e qual é esse ponto de partida, provavelmente nunca conseguiremos sair do lugar.

1.1.2 Emocional

Mal acabamos de sair uma área que para mim é a norteadora e uma das mais doloridas, pois ir de encontro a princípios éticos morais sem ter ao menos pensado alguma outra vez sobre o emocional segue com seu nível de importância altíssimo. Já que hoje temos uma boa parte da população fragilizada e comprometida em diversos níveis.

Saúde emocional é algo sério e que vamos levar o tempo que for preciso discutindo e exemplificando, já que já vivi casos sérios de exaustão mental e alguns burnouts.

A primeira suspeita de burnout ainda é investigada, já que na época não tinha muitas referências e muito menos instruções sobre esse tipo de quadro. Eu era atleta de alto rendimento da natação, eram treinos extremamente exaustivos e em contrapartida meus pais não tinham uma estrutura de apoio para que fosse atleta desse nível, fui o verdadeiro atleta na raça. Porém, guarde essa informação, tudo que é forçado não é sustentável.

De quinze para dezesseis anos eu comecei a ter uma lesão no ombro, logo passou a ser nos dois, algo que me impedia de treinar ou sequer nadar. E foi dos dezessete para os dezoito em uma consulta médica que o médico indagaria, para melhorar, ou nós operamos seu ombro ou você para de nadar. Eu não tive sombra de dúvidas, parei de nadar.

Eu na verdade mal conseguia olhar para piscina, essa é a grande verdade, treinar era algo insustentável. Porém parar de nadar traria outros problemas para mim, lidar com as frustrações dos meus pais.

Mas foi em um momento de descontrole emocional durante uma discussão com minha esposa que por orgulho fui procurar uma terapeuta. Talvez a primeira vez que estava no fundo do poço e prestes a reconhecer tal momento.

Descrição do meu estado quando comecei a terapia: acima do peso, com mais de cem quilos; barba, além de grande, que cobriria todo o rosto, ainda malfeita; boné que mal deixava meus olhos serem vistos.

21

Nesse episódio, fui buscar ajuda de uma psicóloga comportamental, para de pronto me ajudar a me reconhecer, já que para mim eu estava irreconhecível. Foram meses de luta interna para ressurgir. Mas algo que não fecharia, eu só estaria ali para provar para a minha esposa que eu tinha razão. Pobre de mim, eu ainda um louco apaixonado por autoconhecimento, comecei a descobrir muitas coisas sobre mim mesmo.

    E foi nesse momento inicial de terapia que tive uma queda ainda maior, pois nesse período estávamos grávidos e esperando nosso príncipe. Quando ele nasceu, gostaria de ficar junto da esposa para dar todo o suporte que eu desejava. Porém, imagina, professor com as energias baixas, que mal conseguia ter o suficiente para mim mesmo, ou seja, evasão dos alunos, chegado a quinze dias de existência do nosso príncipe, eu mal tinha dinheiro para comprar comida para casa. Ou seja, juntei energia de onde não tinha para contornar essa fase. A energia foi tão grande que em menos de seis meses eu ampliaria meu negócio, porém eu não contava, ou melhor, ninguém contava que tudo fecharia por conta da pandemia. Ou seja, mais uma queda, dessa vez, creio que a mais intensa, já que a última não tinha resolvido, só jogado para baixo do tapete. Ou seja, peso estourou para mais de cento e vinte quilos, não tinha forças para nada. O bom da pandemia foi que minha esposa e eu nos fortalecemos nas orações. Dando início a mais um aprimoramento, o espiritual.

    Hoje se fala muito sobre saúde emocional, hoje tenho uma nova terapeuta, já que nessa jornada de autoconhecimento descobri muitas coisas sobre mim mesmo, e que respondem a muitas situações passadas.

    Por isso eu afirmo mais uma vez, não importa como você chegou até aqui, o que importa é que você conseguiu chegar e o que vai fazer a partir de hoje para mudar seu futuro da melhor forma possível. Um conselho, se nunca fez terapia, faça algumas sessões para experimentar. Nada melhor que um bom profissional com as perguntas certas para nos colocar diante de nós mesmos.

    Entenda, para uma mudança de vida efetiva, nenhuma sujeira pode ficar embaixo do tapete. Quanto maiores forem os recursos para você poder se descontruir, melhor será o trabalho de reconstrução. E acredite, eu estou louco para te ver relatar para mim como você era e o quanto você já mudou.

Como disse no início desse trecho, esses dois aspectos da vida são de longe os mais importantes, já que depende de você se movimentar para ir de encontro à desconstrução do que está te impedindo de prosperar.

1.1.3 Mental/Cognitivo

Quando se fala em saúde mental e cognitiva podemos enfatizar o seu desenvolvimento intelectual. Devemos olhar para toda a sua capacidade ou até mesmo esforço de estar em pleno movimento de crescimento. Tudo isso implica a melhora da capacidade de solucionar problemáticas, na competência de aprendizagem e de raciocinar melhor.

Eu digo que sempre fui curioso, gosto muito de escutar histórias, ver entrevistas com pessoas que me desafiam a pensar fora da caixinha, ampliando as minhas formas de visão sobre um determinado assunto. Hoje, posso dizer que meu desenvolvimento é bem amplo, já que descobri que eu tenho um tipo de leitura dinâmica que me favorece a perceber pontos importantes de livros, mas o que é fantástico mesmo é ter encontrado um equilíbrio entre o que é crença da verdadeira reconstrução de pensamento.

Ainda mais quando se fala do mental, área essa que tem uma importância inimaginável, já que será com essa capacidade que vamos dar um salto evolutivo gigantesco. Marque essa frase, tudo começa no pensamento, coisas boas e coisas ruins. E uma mentalidade treinada pode chegar aonde se deseja.

Eu te pergunto agora, com os seus pensamentos atuais, aonde eles te levariam? Confesso que fico curioso aqui, para saber quem é você, meu leitor. O que você mais deseja hoje? Quais são seus maiores sonhos? Tem feito sentido para você esse conteúdo?

Eu verdadeiramente espero que ajude muitas pessoas a destravarem suas mentes, pois nosso mundo precisa de muitas pessoas bem despertas para uma nova era. Se você estivesse me perguntando agora: "e você, Alface, com a sua mentalidade, o que mais deseja?". Eu responderia: "eu desejo deixar um legado, trazer para o máximo de pessoas que tudo é possível, desde que seja descontruído para ser reaprendido. E que esse legado reverbere com boas ações por toda a nossa humanidade".

1.1.4 Físico

Quando se trata da área da vida física, se refere a tudo o que somos fisicamente. Nesse processo que venho fazendo de reconstrução, uma das minhas maiores construções foi a do físico. E acredite eu já tive muitas formas físicas, atualmente eu venho de um emagrecimento de mais de cinquenta quilos, que inclusive me salvou de ser uma vítima do Covid-19. Na semana que alcançava a perda de quarenta quilos, ou seja, de cento e vinte para oitenta, eu pegaria o vírus, e por uma série de combinações eu passei bem mal. Com o processo de cura do vírus e suas sequelas, acabei aumentando mais de dez quilos novamente. E após a liberação médica total, voltei a eliminar esses quilos adquiridos, totalizando mais de cinquenta quilos. Porém, para chegar aos mais de cento e vinte quilos, te faço uma pergunta. Hoje, se você recebesse uma mensagem de alerta máximo de evacuação, mas nessa evacuação você só poderia ir com uma pequena mochila e a pé. Qual a distância máxima que seu corpo te levaria nas suas atuais condições?

Você já tinha parado para se perguntar? Tendo em vista a tragédia que vivenciamos no sul do Brasil, onde o volume de água subiu rapidamente não dando a mínima chance de se salvarem.

Mas voltando ao nosso assunto, eu também já tive a época que nadava, era muito magro, a ponto de ter vergonha do corpo que tinha. Foi com a decisão de parar de nadar que passei a treinar na musculação, em que anos mais tarde alcançaria o corpo que tanto sonhava. Porém, o sonho passou do *timing* e acabei perdendo a mão, dessa forma passei a dar vazão muito mais à opinião das pessoas sobre o meu corpo do que à minha própria vontade, que no fundo eu nem sabia mais quem eu era. Foram anos lutando contra todo esse grande cenário que foi criado. Mas que estão no processo final de reconstrução.

Ainda sobre físico, ao longo de toda a minha vida eu impunha que não gostava de correr, e recentemente criamos uma corrida para integração de pessoas à prática de atividade física, se chama ATIVAMENTE, e imagine eu, sendo um dos sócios-fundadores, de uma empresa que promove saúde por meio da caminhada/corrida, não sendo exemplo.

Em um dado dia, eu parei para pensar, e falando comigo mesmo: "Tu não tá coerente com seus pensamentos". E isso ficou martelando na minha cabeça, foi quando tomei a iniciativa de passar não só a contemplar as corridas, mas já me vendo um corredor. Conseguindo mostrar para mim mesmo o tamanho da minha força de pensamento e ação. E integrei o espírito da nossa corrida à única coisa que nos move, que são os nossos pensamentos, por isso este livro vai te ajudar a construir novas saídas para problemas antigos.

Lembrando sempre você que quando falamos sobre o físico nos arremetemos a cuidar do nosso corpo, porque será por meio dele que passaremos por experiências evolutivas. "Cuide bem do seu único bem material aqui existente", foi a mensagem que mais martelava em meus pensamentos. Porque eu sou prova de quantas pessoas procuram meu trabalho para sanar dores que poderiam ser evitadas. Então assim podemos dizer que hoje somos apenas o reflexo dos nossos hábitos de ontem, e que amanhã nosso corpo mostrará os hábitos de hoje.

1.1.5 Espiritual

Ahhhhhh, o espiritual, ferramenta muito importante nas horas de desespero ou sofrimento. Como nós demandamos as forças superiores nesses momentos. Me fala, de um a dez, qual seu nível de conexão com o superior atualmente? Mas faça o favor a você mesmo, olhe somente para a verdade.

Quando se fala em espiritual, não se fala apenas de uma crença religiosa, se fala com a maior amplitude possível, sem intitular quaisquer crenças religiosas. Apenas o respeito por aquilo que você acredita e o que te conecta a um estado vibracional elevado. Eu vou resumir no mais simples possível, não importa a forma a qual vai se conectar, importa estar conectado. Porque até então o significado de religião é apenas SE RELIGAR A DEUS. E esse Deus será o que você quiser que seja.

E eu comecei falando dessa forma porque sou prova viva de como a crença exagerada na religião me fez mal. Eu simplesmente por seguir uma religião acabei por um bom tempo criando crenças que me limitavam a expandir meus pensamentos, simplesmente porque tudo era contra os princípios de Deus. Então imagina o quanto eu não sofria com meus pensamentos simplesmente por pensar em algo que iria contra aqueles valores.

Até que um dia eu precisei de uma ajuda e fui agraciado com uma cura, no início pensei que tivesse vendido minha lama, porém aquilo me fez refletir na grande amplitude de possibilidades que temos, o que mais me fez a partir desse ponto entender que crenças religiosas só são validadas se forem te levar para fora da gaiola, caso contrário algo de errado estará acontecendo. Para tudo que haja Deus tem que ter atrelado liberdade e não aprisionamento.

Mas vamos voltar ao início da nossa conversa, se você se perguntou com sinceridade sobre o nível de conexão com o superior, e a resposta foi muito boa, e que não recorre a tal apenas no desespero, parabéns, continue se elevando cada vez mais. Agora, se a sua resposta não foi tão boa assim, vamos conversar...

Não sei se você já percebeu, mas sou bem pouco questionador, e sim, já tive meus momentos de revolta espiritual. Porém, não me atentava que só buscava quando o desespero já não era controlável. Uma delas foi quando eu vendi o meu primeiro carro, e sem muita experiência acabei por não assinar o recibo de venda. Resumindo, o comprador nesse meio tempo bateu o carro tirando racha e a bomba estourou em mim. Por meses oficiais de justiça entravam na casa dos meus pais para fazer avaliações das coisas que tinha lá para penhora. Sem contar o risco de ir para a cadeia. Vendo esse cenário, vai o mané aqui fazer promessa, e isso e aquilo. Achando que Deus poderia intervir em algo que eu não calculei. Mas dados os ensinamentos de Nelson Mandela, "Eu nunca perco, ou eu ganho ou eu aprendo", e gente, como eu aprendi com essa situação. Demorou, mas foi resolvido.

Consegue compreender os momentos que mais nos apegamos a Deus? Isso é errado? Não, não é, eu diria que são oportunidades para crer em algo superior e nunca mais deixar de lado. Essas situações só chegam para nos fortalecer, mas está longe de ser assim né, ao menor sinal de melhora já vamos deixando de lado. Até que vem o próximo momento de caos, e o próximo, e o próximo até que finalmente conseguimos entender que não é para a hora de dificuldades, e sim fazer parte de todos os momentos do nosso dia. Como um casamento, na alegria ou na tristeza.

Vou compartilhar algo muito sério para você, quase um segredo, sabia que quanto mais afinidade espiritual temos, mais rápido conseguimos ter repostas ou até mesmo antever situações na nossa vida. Muitas vezes procuramos uma resposta externa para determinada situação, mas a grande maioria das pessoas não sabe que as verdadeiras respostas estão dentro de nós. Então quando falamos de buscar a Deus, nada mais é do que aprofundar o nosso autoconhecimento, porque todas as respostas que estamos procurando não estão fora e sim dentro de nós. E quanto maior a profundidade alcançada, maiores os níveis de respostas que encontramos. Por isso quanto maior sua afinidade com o seu eu interior, maior a proximidade de Deus, ou seja, qual for o substantivo que você usa para tal nome.

Para isso acontecer, você não precisa de muito, você precisa apenas de breves momentos, mas com alta qualidade. Retire-se por alguns instantes ao longo do seu dia, para fazer reflexões, agradecimento, partilhar momentos de alegria, de ganhos, busque a paz, busque acalmar seu coração. Faça isso insistentemente até que se torne um hábito. Sua vida vai se transformar.

1.1.6 Familiar

Bom, as próximas três áreas são delicadas demais, já que boa parte das nossas crenças assim como a espiritual são as que mais impactam ou empacam a nossa vida. Então vamos lá, vamos respirar, pegar um copo d'água, ou um cafezinho ou até mesmo uma bela dose, opaaaaa, brincadeira, vamos até a parte do cafezinho.

Ao contrário do que muitas pessoas dizem, não existe família perfeita. Por mais que uma família aparente ser, todas estão longe disso. Isso porque todos nós estamos longe da perfeição, ops, desculpa te decepcionar. Mas eu também um dia achei que era perfeito. Então vamos falar um pouco do que acontece dentro das famílias, para que ao final fiquemos em paz para ajustar o que for preciso com os nossos familiares.

Vou contar o que muito aconteceu comigo, meus pais vieram de famílias que passaram por muitas dificuldades, em que os meus avós imprimiam muita dor à vida que levavam, e isso foi sendo imprimido em meus pais. Principalmente com minha mãe, que tinha mais seis irmãos. Agora vamos dar um salto temporal e chegar na minha família, meu pai mecânico que vivia na dependência do seu esforço, porque ganhava por mão de obra. Ou seja, trabalhou ganhou, se não trabalhou, não ganhou. E minha mãe como auxiliar geral de limpeza. Minha família também passou por muitas dificuldades financeiras, mas muitas atreladas às crenças advindas dos meus avós. Agora lhe pergunto, meus pais pensando no meu futuro, o que eles mais queriam para mim? O óbvio, encontrar um emprego que teria estabilidade financeira. E como eu moro em uma cidade militar, adivinha? Era uma pressão gigantesca para que eu me tornasse militar. Mas devo culpar meus pais? Não, claro que não. Eles só não gostariam que eu passasse tudo o que eles passaram.

Com o tanto de crenças que meu sistema ancestral familiar traz, qual é a pressão que enfrentaria ao mínimo sinal de que não seguiria o que eles almejavam para mim? Hoje ainda é algo quase que banal para muitos, porém eu sou o primeiro membro tanto das famílias do meu pai quanto da minha mãe a ter o ensino superior completo. Eu lembro até hoje a rejeição que meu pai teve, quando pedi para ele ser meu fiador do meu primeiro empreendimento. Demorou quase uma semana para ele assinar. Porém nesse último ele nem quis saber o valor do prédio, só assinou.

Muitas vezes vamos achar que outras famílias são melhores que a nossa, mas acredite, estamos no lugar que merecemos estar. Não tenha dúvida, e detalhe, seus pais estão longe de ser os melhores pais, porém para que você saiba também, você merece os pais que tem, e até em algumas crenças religiosas dizem que você escolheu estar com essa família.

Por muito tempo eu me adotei em uma família, achando que aquela seria o modelo ao qual eu era pertencente. Mas na verdade eu só me feri ainda mais, porque eu sou pertencente à minha família, eu queira bem ou mal. E ao perceber isso, tratei de me reintegrar à minha família, e simplesmente aceitar todos do jeito que eles são. E além do mais, quando não quero interferências sobre as minhas escolhas, eu simplesmente não preciso dar satisfações para ninguém, apenas faço o que eu acredito. Isso é possível desde que você não dependa dos seus pais ainda.

Agora eu vou dar o caminho das pedras para você, demore quanto tempo for preciso, mas quando entender isso aqui que vou lhe contar, mais próximo estará de quebrar suas crenças familiares e seguir quem deve de verdade.

Apesar de você ter vindo dos seus pais, você não é eles. Você veio para ser quem você precisa ser, você tem um papel no mundo. Difícil entender? É complicado, mas vou clarear sua visão.

É algo natural da programação hereditária planejar o futuro da espécie, as espécies que não são racionais, vivem da mesma forma. Por exemplo, se você voltar no tempo quinhentos anos, quais as chances de os leões estarem fazendo a mesma coisa que fazem hoje? Mas se pegarmos nossa civilização de quinhentos anos atras, será que mudamos muitas coisas? Se bem que muitas continuam a mesma coisa, ne? Da até vergonha, mas em alguns outros aspectos mudamos muito. Mas isso não é graças aos nossos pais, é graças ao despertar dos filhos que rompem as crenças para desbravar novas áreas. A qual preço, isso eu não sei, porém hoje eu vejo toda a minha mudança, que já reverbera sobre os meus pais novamente. Você não precisa mostrar que mudou, o ambiente que você vai gerar vai fazer com que todos à sua volta mudem. Mas para isso, devemos deixar para trás quem nossos pais queriam que fôssemos. E também entender e desconstruir tudo o que foi impresso em nós por anos de convivência.

Quer um exemplo? Meu pai era um cara extremamente machista, cheio de preconceitos ao ponto de não permitir minha mãe pintar as unhas de vermelho. Eu um dado dia acabei implicando com minha namorada na época, hoje atual esposa, justamente por conta da cor vermelha do esmalte dela. Eu não estou aqui para julgar ninguém, porém trago um simples, simples exemplo. Ao qual devemos olhar não para a ação de proibição, mas de como foi construída essa crença.

Hoje eu só tenho a família que tenho graças ao meu esforço de desconstrução consciente e uma reconstrução dos valores por mim adquiridos. Tudo está ligado ao observador, quando tomamos posse da consciência, tudo fica mais claro de se identificar e posteriormente reconstruir. E salvo detalhe importante que não devemos tentar de forma alguma mudar nossos pais, toda mudança deve partir de dentro para fora, literalmente alcançada pelas mudanças de valores. A mudança só é duradoura quando se tem um proposito bem definido. Eu aconselho você a trabalhar o respeito e aceitar quem seus pais são, e estar ao lado deles quando necessitarem de ajuda para transmutarem. Enquanto isso não acontece, siga se libertando das crenças.

1.1.7 Social

Eis aqui uma dor de cabeça quase igual a família, quando se fala em social, envolve tudo o que te rodeia. Talvez quando se é adulto, podemos escolher com quem queremos estar, na verdade essa é a nossa melhor opção de vida, estar com quem nos faz bem, que nos faz crescer. Já diz a frase clichê dos tempos atuais: "você é a soma das cinco pessoas que você mais se relaciona", e não existe frase que te define melhor que essa. Se seu círculo de amigos gosta de fazer fofocas você também fará, se seus amigos gostam de beber todos os dias, você também beberá todos os dias, se gostam de empreender ou fazer exercícios, você também estará junto. Então fica claro que suas escolhas de amizade vão influenciar quem você é sim.

Mas quando você não pode escolher, por exemplo, quando somos crianças e moramos com os nossos pais, as crianças vizinhas serão nossos amigos quase que por livre e espontânea pressão. Aí eu te pergunto, com quem dos seus amigos de infância você fala até hoje? Quem dos seus amigos de infância aceitou e reconheceu suas mudanças sem te julgar? Difícil, né? Mas eu te pergunto, você é a mesma pessoa que era na infância? Acho difícil você responder sim, embora ainda viva a mesma pessoa. A melhor justificativa para não sermos as mesmas pessoas de quando criança é a mesma do propósito deste livro, quem marcou aí a nossa trinca do crescimento, lembra? Aprender, desaprender e reaprender. É simples assim.

E com toda essa mudança às vezes temos um carinho especial por muitas pessoas que fizeram parte da nossa infância, porém as escolhas vão afastando naturalmente umas das outras, e feliz aquele que entende que é algo natural da vida, e triste por aqueles que não têm a mesma consciência e sofrem do vitimismo.

Uma palavra que gosto muito de usar em minha vida e que espero que faça sentido para você é: seja INTENCIONAL sempre, e intencional não significa ter interesse de uma forma negativa, é ter interesse de forma positiva, é estar constantemente se redirecionando e buscando novos pontos de apoio. Seria igual a uma escalada, para subir até o topo eu preciso estar firme no meu ponto atual, mas já olhar para o próximo que vai me ajudar a subir para o nível seguinte.

Então escolha com quem quer estar, se posicione, esteja com pessoas que você admira e que almeja se espelhar. Do mais, uma pessoa pronta para avançar para o próximo nível não é não ligar para o que as pessoas vão falar ou julgar, é literalmente estar desprendido desses pensamentos, é literalmente não olhar para trás. Construa e desconstrua o quanto for necessário, sempre agradecendo as pessoas e os ambientes que fizeram parte da nossa vida por um tempo, mas desprendidos de quaisquer crenças.

Por falar em ambiente, ele tem uma grande influência sobre nós. Vamos pegar um caso bem tranquilo. Estamos em um estádio de futebol ou qualquer outro esporte que tenha torcida. Mesmo que você não ache que seu time esteja indo mal, mas basta as pessoas que estão à sua volta estarem falando isso, acho difícil você não se contaminar e se integrar aos protestos. Mesmo um outro caso, você no trânsito, em um dia infernal, mesmo tendo racionalidade sobre o fluxo estar demorando, basta uma pessoa buzinar, coisa que a meu ver não vai ajudar em nada, muitas outras pessoas passam a buzinar também. Isso porque, quando estamos em um determinado ambiente, ou eu saio ou passarei a fazer parte dele.

Perceba que são coisas bobas, mas que não nos damos conta daquilo. Olha esse exemplo aqui, quem aí acha que os motoboys exageram na imprudência no trânsito? Porém, vou lhe perguntar aqui e que seja sincero com você mesmo. Quem aqui nunca ligou para uma empresa de entrega reclamando da demora, principalmente quando é comida? Se a resposta foi sim, seria justo você assumir que fez parte desse crescimento descontrolado? Todos são pontos para refletirmos, e eu me incluo nisso também, assumir e reconhecer nossas falhas são os primeiros passos para mudarmos.

Vivemos em sociedade, e só vamos avançar para tempos melhores quando a grande maioria das pessoas pensar nos mesmos ideais. Então toda grande mudança não começa no outro, começa em mim. Cada um fazendo a sua parte, nada além disso.

Isso vale para o ambiente de trabalho, muitas vezes tentamos mudá-lo, mas as duas únicas respostas para um ambiente que não deseja ser mudado são: ou você muda de trabalho ou você passa a ser mais um do ambiente de trabalho atual. E são nesses pontos que muitas vezes enroscamos. Por falta de conhecimento, autoconhecimento e propósito bem definido. Muitos ainda colocariam apoio de terceiros, porém só o nosso propósito pode findar nossas decisões, as pessoas querem que nós mudemos segundo o que elas acham melhor para elas, não para o que é melhor para nós. Seja bom o suficiente para agradar as pessoas, e não o contrário. Ao contrário disso você só vai encontrar barreiras que te limitam.

1.1.8 Profissional

Por falar em profissional no meio social, como é difícil ter uma profissão hoje. Se não são as barreiras familiares e sociais, são os próprios termos da profissão que nos limitam a expandir. Isso porque vivemos muitas regras limitantes sociais, as quais sempre terão uma pequena parceria que lucra com isso. Por exemplo, um jovem professor, que sai para o mercado de trabalho ansiando por mudar o mundo, se depara com um sistema retrógrado e limitador. De tanto bater contra uma parede quase que inabalável, ele se vê quase que sem forças e acaba cedendo ao sistema. Dessa forma o único meio de ligação para esse jovem é aceitar a baixa remuneração a troco do seu tempo de vida. Ahhhhhhhh, o tempo. Ahhhh esse tempo que não tem freio, né? Não sei o seu, mas em meu ver, tudo que temos de mais preciso é o nosso tempo. E eu te pergunto, o que você vem fazendo com o seu? Como vem aproveitando? Você vem realizando os seus sonhos? Você é bem reconhecido(a) e bem valorizado(a) por aquilo faz, ou melhor, pelo seu tempo de vida cedido?

É, eu olho para trás e vejo o quanto dei de graça o meu tempo para outras pessoas, mas a minha sorte foi que virei a chave a tempo e reconstruí uma nova visão sobre valorização. Eu sempre recorro a esse exemplo quando quero falar sobre valorização. Sabe aquela marca da maçã mordida? Sabe né, que tem notebooks, smartphones, entre outros? Aquela marca que é quase um sonho de consumo para muitas pessoas? Pois bem, não sei se você acompanha os preços dos equipamentos por ela vendidos. Mas se nesse exato momento aparecesse onde quer que você esteja, sua casa, apartamento, trabalho, praia, sei lá onde você está, um vendedor com os produtos cem por cento originais – não é um golpe, tá? –, e estivesse oferecendo os produtos por apenas mil reais cada, ou seja, quase noventa por cento de desconto. Relembrando que não é um golpe, o que você faria?

Eu vou falar o que eu faria. Sabendo de toda a procedência e do valor que esses produtos têm de mercado, eu daria o meu jeito e compraria tudo o que o vendedor teria disponível. Porque eu sei o valor que esses produtos têm. E sei que eu lucraria muito sobre a venda deles. Mas para nossa realidade, essa marca sabe o valor que construiu sobre os seus produtos. E nós sabemos também o valor, por isso o grande interesse em pegar pelo menor preço.

Agora eu te pergunto, eles estão certos ou errados?

Vou transferir para você agora, você tem dado o devido valor ao seu trabalho? Você tem dado valor ao seu tempo que tem dado aos outros? Você cobra aquilo que é justo por todo o conhecimento que tem?

Talvez esses questionamentos doam profundamente, se é que você não chegou até este livro graças ao incômodo que esses questionamentos têm lhe trazido. E que bom que estamos aqui, e espero profundamente que te ajude a crescer, prosperar e receber o tão sonhado valor e reconhecimento que tanto almeja.

Por muito tempo eu dava valor apenas ao possível reconhecimento dos meus clientes, mas para a minha tristeza eram apenas palavras que na época ilustravam meu ego. Mas choque de realidade foi quando quis cobrar referente aos mesmos elogios que recebia, quase zerei a cartela de clientes, já que a opção então mais adequada seria o Zezinho ou a Mariazinha, que cobravam mais barato do que eu, que era o melhor naquilo que fazia. Dura realidade, mas foi aí que comecei a sair de vez da casinha, e coloquei que eu seria tão bom que as pessoas não questionariam o preço, mas sim perceberiam o valor agregado dos meus serviços.

Foi a partir disso que criei uma imagem de solucionador de problemas, e que as pessoas já sabiam que ao contratar meus serviços estariam adquirindo valor a tal.

E a satisfação se deu por completo quando comecei a realizar os meus sonhos, inclusive algo raro entre profissionais da minha área é fazer viagens internacionais sem ter que sacrificar de comer fora, passeios, entre outros, como diria o Primo Rico, sem cortar o cafezinho.

Mas isso não impede nos dias de hoje que seja questionado pelo valor dos meus trabalhos, mas basta algo acontecer com meu cliente que não prove o valor ou até mesmo a economia que ele teria com os meus serviços prestados.

Uma história como essa é mais detalhada em um outro livro que escrevi, traz o filho de um aluno que chegou para fazer aula comigo pensando em melhorar sua saúde. Em um dado dia, ela chega muito triste dizendo que seria reprovado de ano na escola. Tirei aquele dia para conversar com ele, e traçarmos um plano para que aquilo não se concretizasse. Pois bem, fomos aprovados, meu aluno então que colocou seu filho para recuperar a saúde não só teve a saúde do seu filho recuperada, que em meu ver é o principal, mas uma economia generosa por não ter que pagar um ano extra de escola particular para seu filho.

Conclusões, não basta você ser chamado de melhor, pois palavras não colocam comida na mesa, só servem para ilustrar o ego. Ter de fato o melhor produto não quer dizer que você receba o melhor valor por ele. O que muda o jogo é você ter o melhor produto, reconhecer que é o melhor produto e receber o melhor valor por esse produto. E tudo isso vai demandar tudo o que você tem de mais precioso na sua vida, seu tempo.

Então gaste o seu tempo construindo algo de valor, que no final das contas todo o tempo nele investido seja retribuído pelo valor agregado.

1.1.9 Financeiro

Acho que muito do que falamos no profissional reflete nessa área, não é mesmo? O quanto temos de travas e crenças em torno dessas temáticas. Para muitos o financeiro é uma dor inexplicável, ou melhor, hoje explicável, né?

Vamos fazer um gancho lá na família? Quem aqui tem problemas financeiros e que olhando para trás escutava os pais com as mesmas reclamações? Ou os pais falando que dinheiro não presta, dinheiro não é de Deus, não coloca a mão na boca porque dinheiro é sujo, quem é rico não vai para o céu... Quais frases mais você escutava?

E eu te pergunto, será que isso reflete na sua vida hoje de forma positiva ou negativa? Mas calma, não vá ligar para seus pais reclamando da sua vida, eles também não fazem ideia do mal que isso causaria a você, acredite, eles fizeram o melhor por você. E será você que vai mudar essa visão sobre o dinheiro. Vamos ser adultos o suficiente para lidar com isso, e desconstruir todo esse caminho, e enfim reaprender de uma forma mais próspera para que os seus sucessores já tenham isso destravado em suas vidas.

Tudo o que precisamos fazer é olhar para todas as situações que você já faz inconscientemente centenas de vezes todos os dias. A grande chave está na desconstrução consciente, para que você tenha clareza do que tem que mudar na sua vida. Um pouco mais para frente vamos engrossar as ferramentas que te darão novas habilidades, para reaprender, nesse momento é imprescindível você passar a observar em quais momentos você traz todos os sentimentos de escassez para sua vida, como se fossem mantras que impregnam sua vida diariamente.

Você já ouviu dizer que o dinheiro é uma energia?

Se nunca tinha ouvido, olha esse exemplo. Se você falar que o seu dinheiro só dá para pagar as suas contas, essa energia vai ser empregada para que isso se realize. Se todas as vezes que você receber disser que o seu dinheiro não dá para fazer nada, ele não dará. Porque ele é uma energia, e pasme, se você fizer o caminho inverso também vai acontecer, porque energeticamente construímos nossa realidade. Entenda que você vai manifestar tudo aquilo que pensa, e ao pronunciar isso, você vai confirmar tal ação. Por isso, se você quer prosperar, trate de identificar todos os seus pontos de escassez.

Por ora, busque ver o lado bom atrelado ao dinheiro, todas as boas causas que ele financia, tudo o que ele pode proporcionar de bom na vida das pessoas, pense que o dinheiro é uma ferramenta de Deus que vai servir para potencializar o que pessoas são de verdade. Dinheiro não corrompe ninguém, talvez ele deixe escancarados os verdadeiros valores das pessoas.

1.1.10 Tempo de qualidade

Quando me refiro a tempo de qualidade, me refiro à qualidade de tempo você está tendo de verdade de descanso, tempo com seus filhos, pais, amigos ou mesmo o tempo de lazer.

Se você for buscar por áreas da vida talvez essa aqui surja como cultura, mas quando se fala de cultura vamos abordar mais sobre a compreensão do mundo, seja arte, lazer, viagens ou apreciação do mundo. Sendo assim se perde um pouco o sentido do nosso caminho, então peguei para explorar dentro dessa temática algo tão atual e precioso, nosso tempo de qualidade.

Muito se fala em alta produtividade, que me parece acelerar cada vez mais. São pessoas cada vez mais incitando as outras a entrarem na roda dos ratos. Eu gosto de aplicar para minha vida o princípio de Pareto, que implica em oitenta por cento do resultado ser obtido de vinte por cento do esforço. Para mim soa como usar melhor o tempo para pensar mais sobre as possibilidades e agir de forma precisa. Sendo assim, economizando tempo e energia.

Isso tudo porque nossa vida não está apenas relacionada a trabalhar, nós precisamos curtir também. Precisamos de uma convivência social, por mais que talvez você não goste, é preciso. É preciso ter grandes momentos de lazer, os quais não estão relacionados a estar em redes sociais, momentos de lazer são necessários para que possamos desopilar a mente, criar espaço útil para criar novos conteúdos.

Por um tempo eu fui salva-vidas, e o que me trouxe de lições e aprendizados você não faz ideia. Selecionei uma bem oportuna para esse momento. Imagina você se afogando no meio de um lugar bem profundo. Você está lutando para sobreviver, quando vê uma possibilidade de ajuda, ao invés do desespero diminuir ele vai aumentar. Então entra o treinamento do salva-vidas. Próximo de chegar perto da vítima, ele mergulha e vai por trás dela, se preciso a golpeia para que saia do estado de choque e não acabe colocando a vida dos dois em risco. Qual a lição, quando a pessoa está se debatendo na água, é a forma mais inútil para se salvar, ela está gastando toda a energia naquele movimento de desespero. Tornando seu corpo cada vez mais rígido, e que está indo contra o que a salvaria de verdade, que seria ficar o mais calma possível, a fim de que seu corpo flutuasse. E ainda, mesmo sabendo que o salva vidas está em sua direção, ela não é capaz de se orientar sozinha. Colocando a vida dos dois em risco.

Ou seja, às vezes você está aí à deriva, sem saber para onde quer ir, se debatendo e sem sair do lugar. E mesmo uma pessoa que vem te salvar, você é capaz de colocar a vida dela em risco também. Sabendo que muito disso seria evitado se você parasse, relaxasse um pouco, organizasse os pensamentos e aí sim tomasse uma decisão. Muitas pessoas são afogadas pelos seus próprios pensamentos ao ponto de não permitirem a pessoas com maior experiência e clareza lhe ajudar.

Um outro ponto que já percebi que é uma grande dor social é a falta de tempo com os filhos. Eu tento ficar o máximo de tempo com meu filho hoje, porque já percebi que a maior dor dos pais está em não ter aproveitado o tempo com seu filho quando criança. Porque quanto mais velho, mais longe do ninho o filho estará. Depois ainda os pais querem manter o domínio sobre a vida dos filhos só para tê-los por perto. Mas esquecem que estão impedindo os filhos de viver o que eles nasceram para viver. Moral, aproveite enquanto é tempo, e o melhor, aproveite na hora certa.

1.1.11 Ambiente

Como já falamos de ambientes aqui, vou trazer um ponto bem interessante para que já nos encaminhemos para uma fase de aprendizagem. O homem é o ser na terra que está mais distante da natureza, todos nós temos bússolas direcionadoras, mas nosso envolvimento mental com a histeria mundana é tão grande que acabamos nos afastando cada vez mais dela. Cada vez menos árvores, cada vez menos bichos, cada vez mais calor, cada vez mais temporais e fenômenos que causam destruição.

Pergunta de praxe para te tirar do conforto, quanto tempo você não anda com os pés na grama ou no chão de terra?

Você deve saber que somos pura energia, né? E que precisamos descarregar frequentemente essas energias, e quem absorve elas? Tcharammm. Às vezes as pessoas podem se afastar da natureza por não gostarem de insetos ou medo de bichos, mas coloque elas em uma experiência de sentir a natureza, de respirar fundo em meio a árvores centenárias, de estar diante de uma bela e poderosa cachoeira, elas sairão renovadas. E isso por quê? Porque somos parte da natureza, porque fazemos parte desse grande ecossistema, mas em um mundo cada vez mais emantado por concreto e asfalto, protegidos por solas de sapato ou tênis e pneus, em que o homem aprendeu a viver nas alturas, migrando dia após dia de um prédio para o outro. Se sobrecarregando de energias negativas, sem ter onde esvaí-las. Cada vez mais passeios em shoppings ao invés de natureza. Essas têm sido as escolhas dessa nossa sociedade. Que na busca por um alívio mental tem como saída comida, álcool, cigarro, entre outros, qual a chance de dar certo?

Falando em energia e que o dinheiro é energia, qual tipo de energia estou atraindo para perto de mim? É essa energia que você quer se envolver ou é essa energia que te leva a uma vida mais saudável e harmoniosa?

1.1.12 Conclusão

Nesta primeira parte do livro estamos focados em te ajudar a abrir os olhos de tudo o que possivelmente esteja te impedindo de crescer, das possíveis áreas da sua vida que você nem se dava conta de que poderia estar te influenciando.

Para que possamos realizar uma desconstrução consciente, é primeiro passar a enxergar tudo o que não nos permite avançar. Lembrando da historinha do casal que vai desconstruir sua casa para dar vida a uma nova construção. É preciso entender que remendos não são a melhor saída, e que tomar a decisão certa nem sempre será fácil. E nem sempre a decisão que se toma hoje será a que vai perdurar para a vida toda.

As pessoas mais bem-sucedidas nem sempre são as mais fortes ou muito menos as mais inteligentes, mas verdadeiramente são as pessoas que conseguem melhor se adaptar às mudanças. Quanto maior a capacidade de enxergar a necessidade da mudança, maior a chance de seguir para o próximo nível.

É preciso ter propósitos sólidos para que possamos transpor com maestria as barreiras impostas pela vida sobre a nossa jornada. Até porque muitas vezes iremos contra os princípios que nos moldaram a vida toda.

39

Uma vez visto, nunca mais desvisto. Você talvez possa até negar, mas uma vez que olhou para uma crença, você até pode não a quebrar, porém ela sempre estará viva em você.

Agora que você viu qual o buraco que mexemos, a escolha é toda sua avançar para a próxima fase.

Até breve.

PARTE 2

ACEITANDO A VERDADE PARA A DESCONSTRUÇÃO

Que bom que decidiu avançar mais esse passo em direção à sua liberdade, falo liberdade porque não existe coisa mais libertadora do que a desconstrução consciente e a reconstrução consciente.

Devemos entender que a maioria das coisas que guardamos dentro de nós foi porque a gente escolheu. A maior parte das coisas foram sendo implantadas pelo nosso próprio ambiente, talvez das pessoas mais próximas e as que mais amamos na vida, e mais uma vez, para que você não saia com mais problemas existências, eles não fizeram intencionalmente, eles apenas deram continuidade no que os foi ofertado, e que nem devem ter consciência disso.

Revisando nosso conteúdo para que você perceba a importância do que já foi falado.

Por que a desconstrução é necessária, seja em qual área for do desenvolvimento humano?

A desconstrução é desnecessária porque muitas vezes o que nos impede de avançar não é nem a falta de conhecimento, mas a dificuldade de desapegar de velhas crenças, velhos hábitos ou padrões antigos que já não servem mais.

Velhos paradigmas podem limitar novos passados da nossa vida, muitas vezes queremos resultados diferentes fazendo do mesmo jeito, e se eu não mudar esses paradigmas, nunca vou conseguir alcançar novos resultados.

Então se é do seu interesse ou do interesse de qualquer pessoa que almeja novos resultados, será preciso liberar espaço para novos conceitos. E isso se torna inegociável.

Da mesma forma que uma pessoa busca pela construção de um novo corpo, ela não poderá alcançar seu objetivo fazendo o que faz hoje. Não basta só ter o desejo de mudar, é preciso agir, e agir certo pode otimizar suas conquistas de mudança.

Vamos trabalhar alguns pontos que podem te machucar muito, então vamos deixar firmado aqui. Que os maiores aliados da desconstrução sempre serão, sempre mesmo, humildade, flexibilidade e resiliência. Pois são os meus até hoje. Humildade para reconhecer que o outro caminho é melhor, flexibilidade para se permitir ser treinado, e resiliência para persistir no caminho mesmo quando as intempéries da vida tentam nos fazer desistir.

Porque a desconstrução é necessária para nosso crescimento, lembra lá atrás quando eu disse que não importava a forma que você havia chegado? Mas o mais importante era ter chegado? Pois bem, são inúmeras as oportunidades da vida que nos permitem crescer, inegavelmente a maior delas é o nosso merecimento.

Vamos voltar lá para a família que havia aumentado, já se passou um bom tempo e a família não tem apenas uma criança, mas nesse exato momento são dois filhos. Os pais estão indo também em seus trabalhos que veem uma grande oportunidade de começarem a trabalhar juntos. Passado um tempo, os pais enxergam uma nova janela de crescimento, mas, por terem que fazer grandes investimentos, não enxergam outra oportunidade a não ser de construir uma fábrica no terreno de sua casa. E mais uma vez eles optam por desconstruir a casa para dar vida a um novo sonho.

A ideia principal era aproveitar o máximo de matérias da casa, mas dar prioridade aos materiais que mais seriam úteis para essa nova construção. A empresa deu tão certo que em pouco tempo de construída ela já comportava em sua laje a nova casa da família.

2.1 Abrindo espaço para o novo

Perto de me formar e já não aguentando mais o trabalho de salva-vidas, comecei a pesquisar formas de trabalhar já na minha nova área. Eu sempre gostei muito de musculação, já que foi com ela havia conquistado minhas maiores transformações até então. Porém, para quaisquer oportunidades que eu almejava que garantissem meus estudos em dia, precisaria de formação completa. Diante de tal necessidade, me permiti participar de uma formação em treinamento funcional. Depois de muito praticar e elevar o grau de excelência da técnica, passei a ministrar aulas de personal em domicílio. Mesmo tendo alunos, não era o suficiente para pagar todos os meus gastos mensais. Foi quando um grande amigo me ofereceu para trabalhar no estúdio dele, mas ministrando aulas de pilates. Eu, pressionado financeiramente, não pensei duas vezes e abracei a oportunidade com unhas e dentes. Agora eu lhe pergunto, se eu ficasse preso aos meus desejos de trabalhar com musculação essas portas teriam sido abertas para mim? Ou seja, não basta desejar uma oportunidade, quando ela aparecer você tem que agarrá-la com unhas e dentes, mesmo que ela dure por pouco tempo, mas não desperdice.

Ainda falando de formação, eu entrei para a faculdade sonhando trabalhar com atletas profissionais. Mas aí você me pergunta, "você mesmo tendo esse desejo se submeteu a trabalhar com algo que seria raro de ter atletas profissionais no seu dia a dia?" Sim, eu renunciei a um sonho por enxergar uma nova oportunidade, oportunidade de cuidar de pessoas que precisam recuperar a sua saúde. E eu falo que o meu empenho foi tão grande, eu investi tanta energia nisso, que hoje atletas profissionais que inclusive atuam fora do país me procuram pela referência que me tornei por meio da minha entrega no trabalho.

Me baseando nessa pequena parte da minha história, eu posso afirmar com todas as letras maiúsculas para você, sempre abra espaço para novas oportunidades, e assim como uso o pilates como uma das ferramentas para obter flexibilidade dos meus alunos, descubra qual é a ferramenta que vai te ajudar a ser mais flexível diante das oportunidades que lhe aparecerem.

Não deixe que velhos paradigmas te impeçam de prosseguir, olha, e acontece muito. Muitos profissionais não só na educação física, mas em muitas áreas entram com uma ideia fixa de que querem trabalhar em determinada área, algumas vezes até dá certo, porém na grande maioria das vezes a vida nos abre algumas oportunidades e por não ser as que desejamos nós as deixamos ir embora. Mas e se essa oportunidade fosse um degrau para se aproximar do seu sonho? Com isso, muitas pessoas passam a falar, nossa, essa área não dá futuro, nossa área não realiza sonho, nossa essa área é isso e é aquilo. Tenha claro o seu objetivo. Se por um pingo ela traz uma possibilidade de trabalhar com aquilo que você gosta, esvazie seus paradigmas e arrisque.

Em ambos os lados vão existir espectadores, do lado que falava para você não seguir, e do outro que te apoiava. O que vai fazer a diferença é o momento que você está vivendo. Eu posso dizer que nunca pensei em desistir. Puts, com certeza eu já pensei muitas vezes, mas no fundo sempre foram oportunidades que me vieram para quebrar crenças e paradigmas. Lembre-se, existem muitas pessoas em cima do muro só esperando o mínimo detalhe para te lançar pedras. E isso vai acontecer em toda a sua vida, mas lembre-se do ambiente social, esteja ao lado de pessoas que te puxam para cima. Não as que querem te empurrar para baixo.

Uma questão fácil de se discutir, porém muito polêmica, mas que mostra a verdade sobre quem são as pessoas de verdade. Imagine uma candidatura política para um cargo como o de presidente, claro que os favoritos são os opostos. Se o meu candidato não ganhou, qual o meu dever como cidadão que quer ver uma nação prosperar? É claro que ver o candidato vencedor elevando o nível do nosso país. Porém, qual a mentalidade da grande maioria? Quer ver ele ir mal, só para poder falar "EU DISSE QUE NÃO IA DAR CERTO, OLHA COMO EU TAVA COM A RAZÃO", ou seja, torce contra para poder se elevar, mas o país, como fica?

Definitivamente o maior atraso será a permissão de os paradigmas antigos dominarem a sua mente. Liberte-se, deixa o novo chegar. Aprenda a reter apenas o que tem mais valor para você, descarte o resto.

2.2 Aprendizado contínuo

Nunca deixe de investir em você, nunca pare no tempo, estar em movimento nos permite transitar por escolhas.

Fica difícil debater com pessoas sobre investir em seu conhecimento, já que ao longo da vida somos expostos a uma vasta quantidade de informações que são praticamente imprestáveis. Eu não sou o mais a favor do nosso modelo de educação, e para isso vou me basear em outros tipos de conteúdo, a fim de gerar muito mais valor, do que baixar o nível de conhecimento com persuasões que são sobre minha vida.

Por exemplo, eu entrei na natação quando criança para sanar um problema de saúde respiratória. Entrei, me curei e o que eu aprendi? Bom, sempre que temos contato com alguma nova capacidade, dificilmente nós iremos esquecê-la. Eu praticava o auto rendimento, se eu pegar nos dias de hoje, eu não iria bem em uma competição, mas entenda que eu também não morreria afogado.

Onde quero chegar com isso, quanto mais nos aprofundamos em uma determinada área, mais nos tornamos especialistas. Mas ao sair dessa mesma área, ao passar do tempo, eu não vou ter a mesma performance, mas o princípio básico dela ainda estará vivo dentro de mim.

Imagine então, por exemplo, eu treinava tanto a natação o ponto do meu condicionamento me permitir ser um salva-vidas. Compreende que uma coisa puxa a outra? E com um detalhe de ouro, a técnica usada no salvamento era totalmente diferente, eu praticamente comecei do zero, e se não tivesse me permitido receber esse novo conhecimento, não colocaria apenas a minha vida em risco, mas também a vida da vítima. Por isso nossa trinca do crescimento é muito importante, eu sabia nadar sim, sabia o estilo de salvamento, mas usei a flexibilidade de largar tudo aquilo que não era importante para atuar como salva-vidas e fui buscar novos conhecimentos que me elevassem profissionalmente e que não me expusessem a riscos. Porque mais uma vez, só a ação, só a prática nos fazem adquirir experiência, e só um conjunto de grandes experiências te deixa especialista em determinada área.

Aprendizado contínuo não é algo inalcançável, é aquilo que se faz todos os dias, e só praticando todos os dias você vai descobrir os atalhos, só um acúmulo de muitas experiências vai te mostrar como fazer, e a partir daí se tornar um especialista.

Estão prontos para começar a colocar em prática tudo o que já vimos até agora?

Essa nova etapa vamos focar em quatro grandes pontos para começar a desenvolver a habilidade de desconstrução. Lembre-se, leve o tempo que for preciso, e só avance o próximo passo ao sinal de estar seguindo um propósito maior, para justificar as dores devemos ter claro em nossa mente aonde queremos chegar e por que queremos chegar. Tudo tem que estar claro, ao menor sinal de dúvida, você não vai pensar duas vezes para voltar para trás. E acredite, quanto mais eu desistir de crescer, mais difícil será avançar, porque bem ou mal, estamos treinando a desistir, e de tanto fazer, se torna algo natural, e mais um paradigma que se instala, aí você não estará nem lá e nem cá.

Toda decisão deve ser tomada com clareza e preferencialmente ancorada em um bom propósito. Não tome decisões precipitadas!

2.3 Como começar esse processo?

2.3.1 Primeiro passo:
RECONHECER O QUE JÁ NÃO LHE SERVE

Eu recomendo muito que antes de iniciar esse processo você busque aprimorar momentos de meditação ou atenção plena. Para que você se encontre realmente com a sua verdade. E quando se fala em meditar ou praticar a atenção plena, não exige nada de muito mirabolante, você não precisa se tornar nenhum especialista, você só precisa encontrar um canal que ofereça segurança para que você pratique. Com certeza nos canais de streaming você terá acesso a grande conteúdo, inclusive de meditações guiadas para te ajudar nessa prática inicial.

Bom, vamos lá, com maior consciência tente perceber para onde os seus comportamentos e crenças têm te levado. Seria para o mesmo lugar de antes? O velho esconderijo, aquele mesmo que te dá a falsa impressão de segurança. Mas que te desafia a regredir, que te cala, que te causa a falsa impressão de proteção. Você consegue enxergar onde é esse lugar de conforto que talvez nem te sirva mais?

Será que ao passo de recuo ou ameaça de desconforto você se veste dele ainda?

Quais são esses lugares que não te cabem mais? Você consegue enxergá-los? Seria o ego, ou a vaidade, ou o perfeccionismo, ou a procrastinação, ou o julgamento?

Em quais desses lugares você se refugia, mas que você já não cabe mais neles?

Agora livre de julgamentos, de quem você herdou esses comportamentos? Em quem você mais encontra esses mesmos comportamentos?

Agora com os pensamentos elevados, sinta essas palavras, lembre, você não está aqui para julgar ninguém, apenas abandonar o que já não é mais seu. O que não lhe cabe mais, pois você já vibra em outra sintonia, você em busca de uma nova versão do seu ser. Então liberte-se do que não lhe pertence mais, deixe esse grande e pesado fardo bem aí onde você está, e siga com seus ombros mais leves, não olhe para trás, deixe que a humildade tome conta de você agora, seja flexível diante da vida quando ela te testar. Mantenha-se resiliente, até que se torne um novo comportamento em você. Repita.

2.3.2 Segundo passo:
ACEITAR O DESCONFORTO DO DESAPEGO

Quem fala que crescer é fácil, ou nunca passou pelo crescimento ou só viu em literatura. Porque todo grande processo de crescimento dói, machuca muito. Para que uma borboleta saia do seu casulo é preciso que ela consiga romper a casca. Toda grande transformação está rodeada de dor e sofrimento, mas pasme, a maior dor e sofrimento são para abandonar a velha casca. Nós sempre estamos em transformação, você já ouviu dizer aquele ditado, "se não é pelo amor, vai pela dor"? O que demora para nós entendermos é que o processo de crescimento vai vir, queira bem ou queira mal. A diferença será o quanto você vai jogar a sujeira para baixo do tapete ou o quanto vai conseguir limpar a sujeira. Se jogar embaixo do tape, uma hora vai se tornar insustentável. E será nesse exato momento que as pessoas entrarão em pleno desespero. Porque aí sim, terão de resolver muitas coisas ao mesmo tempo, e que talvez elas não deem conta.

Existe ainda um outro grande entrave do crescimento, sempre nos chegam relatos constantes de pessoas que passaram pelo processo de transformação e mesmo assim não aguentaram o vazio do novo estado.

Vamos exemplificar aqui, imagine junto comigo. Você mora em uma casa, mas sonha em morar em uma casa maior, mais ampla, com muitos cômodos, talvez em um condomínio ou uma chácara, que vem crescendo cada vez mais ao longo dos últimos anos. Mas como era um sonho que aparentemente era mais difícil, você passou os últimos anos comprando os móveis e decorando a casa que mora há décadas, quando inesperadamente lhe surge uma grande oportunidade de mudar para a casa dos seus sonhos, a casa que você sempre sonhou está a uma assinatura de ser sua, porém para essa casa nova, você não vai conseguir trazer muitas coisas da casa antiga, serão pouquíssimos utensílios que serão aproveitados em sua nova casa. Os móveis da casa velha não cabem e muito menos combinam com a casa nova. Mas você está diante de realizar o seu grande sonho. Eis a chance real de realizar o sonho de ter não só a casa nova, mas ter a casa dos seus sonhos, no lugar que você sempre sonhou, ela é perfeita para você. Mas passada a euforia da conquista, não demora muito para que você passe a sentir um vazio muito grande, isso porque ela ainda não está da forma que você sonhou, ela não tem quase nenhum móvel, quase nenhuma decoração, lhe dando a impressão de casa vazia. Quando você se depara com esse sentimento, sempre o primeiro comportamento que vai tomar conta de você é a insegurança, e logo vêm os pensamentos de recuo, como, por exemplo: "quero voltar para a minha casa velha, eu não gostei dessa nova, não era do jeito que imaginava, lá eu tinha os meus amigos e aqui eu não conheço ninguém, eu não estava em sã consciência para fazer isso, imagina onde eu estava com a cabeça", porém aos poucos você começa a sentir cada vez menos essa sensação, justamente porque você passa a preencher a casa nova com os novos móveis, que você escolheu a dedo, a decoração que você sempre sonhou, aos poucos passa a conhecer o novos vizinhos, tudo começa a clarear. E esse processo não tem outro meio senão o vivenciar, todo esse movimento vai te trazer a dor do processo, é impossível dizer que foi algo fácil, que em alguns momentos o vazio não era sem fim, e isso mesmo sendo a realização de um grande sonho.

Faz sentido para você esse exemplo da dor que o desapego causa? Quando nos despimos de velhos comportamentos, teremos que substituí-los, mas isso leva um tempo, não será do dia para a noite que vai acontecer, não será às mil maravilhas. Para a nossa existência ainda, por mais sabedoria que tenhamos, ainda não possuímos uma inteligência emocional desenvolvida para tais situações, e o processo que muitas vezes achamos doloroso só é doloroso por conta do nosso direcionamento de mentalidade. Se focássemos nas experiências como lições de crescimento, garanto que doeria muito menos. Mas infelizmente trazemos muitas crenças e feridas ancestrais que transformam mesmo em nosso inconsciente tudo em um processo muito doloroso.

Por isso se torna tão doloroso o processo, porque existem feridas que muitas vezes não são nossas, mas só tem histórias para contar quem passa e sobrevive ao processo de vivência, infelizmente ainda é a forma que nós vamos conseguir carimbar nosso passaporte para o próximo nível. Enfrentando as barreiras e tirando as melhores lições.

Sabe quando se fala se referindo a alguém "nossa, esse tem história para contar", conhece alguém assim? Então, essa pessoa só tem história para contar porque passou por algum processo ou experiência. Por isso eu sempre reafirmo, só suporta o processo quem tem o propósito claro e bem definido, porque se ele não estiver claro em sua mente, ao menor sinal de dificuldade a primeira coisa que as pessoas fazem é dar alguns passos para trás.

Tenha com você sempre alguém de confiança na qual você possa buscar conforto para as dores, ou mesmo alguma oração ou conexão superior, ou uma música, ou um texto, o que lhe faz ancorar novamente em seus propósitos e que reafirma o motivo dessa mudança, a dor do desapego nunca pode ser maior que a força da conquista. Tenha fé e vista-se com o seu melhor traje, porque toda grande conquista merece uma grande comemoração.

2.3.3 Terceiro passo:
FOQUE NA EVOLUÇÃO E NÃO NA PERFEIÇÃO

A melhor frase de conforto para você e todos que se propõem a evoluir é: o crescimento não é linear, sempre existirão os altos e baixos, e o mais importante é estar sempre aberto ao aprendizado e aos ajustes, porque o crescimento se faz ao longo da jornada, está justamente ligado ao equilíbrio das flexibilidades.

Eu arrisco a dizer que o único ser que nasce grande em nosso planeta é o filhote de elefante. Do contrário, ninguém se torna grande de um dia para o outro.

Em um dia de mudanças de estúdio, meus alunos me ajudaram em um mutirão. Em um determinado momento, estávamos enroscados na montagem de um dos equipamentos. Foi quando um aluno ex-militar disse: "esse parafuso não nasceu aí, então ele vai sair". Ao final da retirada desse mesmo parafuso, todos elogiando esse meu aluno pela brilhante fala, que veio a motivar a todos. Quando um dos amigos disse: "esse é o coronel", na mesma hora ele sabiamente disse de uma forma descontraída, "eu não nasci coronel, eu me fiz coronel". Causando uma admiração de todos ainda maior por ele.

Ao examinar esse pequeno exemplo vivido por mim, o que tiro de lição. Que meu aluno não chegou ao posto que o confere hoje esperando apenas o tempo de serviço, ele foi vivenciar na prática todos os aprendizados que lhe foram ofertados. E isso ocorre com todos, porém são poucos os que se submetem a viver o processo. Já em uma conclusão final, quem terá mais chances será o que tiver maior número de experiências vividas.

Fica clara a ideia de que teremos muitas oportunidades de crescimento, muitas delas não serão acertos, porém quem se submete a vivenciar e a experienciar na prática, se ela vier a não dar certo, a pessoa que está disposta a aprender de verdade vai tirar como lição que daquela forma não será correta ou a mais prática de se fazer aquilo. Porque nem tudo serão vitórias, mas tudo pode ser um grande aprendizado. As pessoas querem implantar um ritmo alucinado para a execução das coisas.

Uma outra percepção que eu tive, eu gosto muito de cozinhar, gosto muito de usar temperos e especiarias. Mas foi depois de muito tempo que eu percebi que minha comida às vezes não ficava com o gosto que eu esperava. Examinando tudo que fazia, a hora de colocar cada ingrediente, tive um estalo, e pasmem-se, eu nunca tinha me atendado que eu sempre cozinhava no fogo alto. Ou seja, com mais calor o tempo de preparo era menor, porém fui entender que no fogo baixo o tempo a mais que levaria para ser preparado era o mesmo tempo do tempero se espalhar de forma uniforme por toda a comida. Parece algo bobo, mas para mim tem um significado gigantesco, pois além de perceber aquilo sozinho eu acredito que foi na hora que eu estava preparado para assimilar aquela lição. Às vezes alguém já poderia até ter me contado, mas quando percebemos algo sozinho fica marcado para sempre. Sem contar que cozinhar é a transmutação do amor por quem vai consumir aqueles alimentos, seja você ou seja outras pessoas.

Usando esse mesmo exemplo, se você cozinha ou faz qualquer outra coisa que sabe que vai agradar alguém, por que você usa mais energia com outras pessoas e não com você mesmo? Você percebe a grandeza do nosso amor para com as outras pessoas e que às vezes deveríamos ser mais amorosos e generosos com nós mesmos?

Foque em estar sempre em movimento, a velocidade é o que menos importa nesse processo, o que importa é a direção estar correta. Não tenha medo de errar, livre do julgamento das outras pessoas, ninguém pode te ferir sem a sua permissão. Só nos fere quem nós permitimos. Trabalhe sua mentalidade e permita estar em sua vida quem vai te ajudar, não quem está para atrapalhar.

Sempre que algo não estiver seguindo a forma desejada, pare, reavalie, se for preciso redirecione. Está tudo bem, não é uma corrida para ver quem chega primeiro, leve o tempo que for preciso.

2.3.4 Quarto passo:
PRATICAR A HUMILDADE DE RECOMEÇAR

Um dos meus maiores aliados para o crescimento é o não ter medo de recomeçar, uma das coisas que mais somos condicionados para fazer é o recomeço, só que na hora de recomeçar algo de verdade, ficamos inseguros, temerosos. Quem me prova o contrário, que o nosso maior condicionamento é o recomeçar?

Bom, vamos lá, depois que eu falar não adianta chorar não. Quer a boa? Todos os dias temos que recomeçar, certo? Toda semana, também temos que recomeçar, certo? Todo mês também recomeçamos, certo? Logo vem os anos. Sempre é um recomeço, mas sabe por que você tem medo de recomeçar algo? Porque você não foi treinado para recomeçar uma ideia, um empreendimento, ocorre até o oposto disso, se você demonstra qualquer sinal de recomeço o pessoal – principalmente os mais próximos – diz que falhou, faliu, não deu conta, que vergonha. Estou certo ou estou errado?

Nossa cultura não tolera o segundo colocado, quem dirá uma pessoa que quer recomeçar. Então se você conhece alguma pessoa que já recomeçou algo, mantenha ela no radar porque ela deve ter muitas lições para te ensinar. Porque quem se submete a recomeçar tem humildade suficiente para aprender coisas novas. E são justamente as coisas novas que nos fazem avançar para um próximo nível.

Praticar a humildade não é sofrer calado, aguentar os outros falarem, é literalmente se submeter a algo que ninguém está conseguindo ver naquele momento, é manter o propósito alinhado para continuar sem que ninguém possa atrapalhar, e, se possível, aprender ao máximo com as pessoas que estão dispostas a ensinar a você algo novo. Talvez eu estaria até disposto a aprender algo que eu já até saiba, só para entender qual o caminho que aquela pessoa fez.

Manter-se bem mentalmente te ajuda a ter a calma suficiente para entender qual o melhor momento de seguir e qual o melhor momento para esperar. Nos mantendo com os pensamentos elevados, além de trazer um equilíbrio, isso nos ajuda a sermos direcionados por uma força superior, mas só os humildes de coração alcançam tal feito.

Uma vez desenvolvida a mentalidade da trinca do crescimento **aprender, desaprender** e **reaprender,** se torna uma habilidade poderosíssima de crescimento infinito. Quando nos abrimos verdadeiramente para ela, ampliamos o potencial para todas as áreas da nossa vida.

Quando se fala em crescimento as pernas chegam até tremer, dá aquele frio na barriga e na espinha. Para algumas pessoas isso é instigante, para outras congelante. A sinalização trazida por uma força superior para o nosso inconsciente trás sempre a insegurança do incerto. O medo sempre estará por perto, mas esse medo não tem nada a ver com a insegurança, mas sim o medo de falhar, de ser julgado, do que as pessoas vão falar, quem eu não quero decepcionar, quem eu terei de deixar para trás nesse processo, essa é a verdade sobre o nosso crescimento. Tem muito mais a ver com as pessoas em volta de nós do que os nossos medos.

E do outro lado, muitas das pessoas que não querem que avancemos porque elas ainda não despertaram suas consciências, na posição que se encontram hoje está tudo bem. E isso não pode impedir o seu crescimento. Isso não pode ser maior que a sua vontade de prosperar, de buscar os seus sonhos, de ser feliz genuinamente.

Ser humilde de coração não é baixar a cabeça e obedecer a outras pessoas por um falso respeito. Ser humilde é escutar a voz que vem de dentro do nosso coração e sair em busca dos nossos sonhos, é saber escutar por um ouvido as críticas e soltar pelo outro, deixando que o tempo tire as vendas que cobrem os olhos das pessoas que tentam nos impedir hoje. Siga o seu coração sempre, siga a voz que vem de dentro de você. Seja humilde o suficiente para escutar essa voz e mais nenhuma outra. Porque só você sabe dos seus sonhos e isso não cabe a ninguém mais saber.

PARTE 3

VELHA MENTALIDADE X NOVA MENTALIDADE

Feliz em ter você em mais essa fase de construção, espero que de alguma forma esteja fazendo sentido para você este conteúdo. Aqui neste momento vamos focar na percepção de mudanças de mentalidade. Quero trazer aqui para vocês apenas o contexto de uma mentalidade bem desenvolvida e coerente com a trinca do crescimento, uma mentalidade que se transforma e se adapta rapidamente a um novo processo de aprendizagem.

Gostaria que vocês entendessem que o maior ganho não está no aprendizado, mas sim na rapidez da desconstrução. Este livro tem por finalidade demonstrar para você que a mentalidade vencedora é a que mais rápido entende o que não lhe serve mais, o ganho está na capacidade de liberar espaço para novas ferramentas, o ganho está em ser flexível para mudanças, o ganho está na percepção de ganhos futuros. E que você de uma vez por todas entenda que o ganho não está na velocidade do aprendizado e sim no eliminar o que não te serve mais.

Dedique-se a se permitir transformar sua mentalidade, ao longo de todos esses anos que me permiti ser treinado por outras pessoas, assim como uma chave virou quando eu cozinhava, uma outra virou quando percebi naturalmente que uma pessoa alcança seus objetivos quando ela passa a acreditar verdadeiramente que aquele é o melhor processo que ela está vivendo, e que esse mesmo processo vai levá-la para o próximo nível.

E quando a pessoa consegue moldar sua mentalidade dentro da trinca do crescimento e muito além de apenas perceber, mas passar a acreditar que esse processo não é o fim, mas sim apenas o meio para o seu crescimento e realizações infinitas. Ter uma mente programável é ter uma ferramenta poderosa de evolução. Porque muito antes de conquistar riquezas materiais é necessário você conquistar uma abundância espiritual.

Agir rápido e de forma intencional, buscar sempre ter clareza dos seus movimentos, para que tenha cada dia mais assertividade em suas mudanças. Vamos trazer os pontos-chave e talvez o divisor de águas para uma transformação sólida e consistente. Leve o tempo que precisar, mas certifique-se de que você consegue sentir o entendimento. Treine até virar um hábito!

3.1 Como transformar sua mentalidade em uma ferramenta poderosa e rara?

Acredite, se você conquistar uma mentalidade poderosa que se adapta rapidamente a um novo processo, deixando para trás tudo o que não te serve mais, você fará parte de muito menos de dez por cento da população global.

E quem sabe passará a visualizar nosso planeta com outros olhos, e qual a justificativa para tal afirmação? Simples, havendo uma mentalidade maleável a mudanças, você acredita que ainda existiriam pessoas que querem levar vantagem sobre as outras? Você acha existiriam discrepâncias sociais tão largas? Você acredita verdadeiramente que cor de pele ou crenças religiosas seriam algo suficiente para que um tirasse a vida do outro?

Se esses são pontos que te tocam, tenho certeza de que você está muito próximo de uma mentalidade verdadeiramente poderosa.

3.2 Zona de conforto

Talvez só de ler esse subtítulo já te cause desconforto, bom, vamos começar por tudo aquilo que já sabemos, vamos comigo. O que é zona de conforto para você?

Para mim zona de conforto se refere a não ter muito mais expectativa de crescimento, é se contentar com o pouco que tem, é não ter mais tesão nenhum de conquistar algo diferente. Zona de conforto como o próprio nome diz é você estar conformado com a sua situação atual. Para mim é o mesmo que se contentar com migalhas dos outros. Já diz o ditado: "se você não usar suas habilidades, ou melhor, o seu tempo para enriquecer, inevitavelmente o seu patrão vai saber explorar a sua mão de obra para enriquecer, usando tudo o que você tem de mais precioso, o seu tempo, e detalhe, vendendo barato".

Eu posso dizer que eu estive muito pouco em zonas de conforto, uma delas foi um pouco antes de ir ao fundo do poço, ou melhor, eu já estava no fundo do poço, só não percebia. Acredite, a zona de conforto está para todos, quando menos percebemos, bummmm, lá estamos.

Comigo foi assim, o meu início de carreira foi muito doloroso, assim como é para muitos também, além de baixa experiência ainda contava com a ajuda dos meus amigos de profissão para lembrar disso para as pessoas, ofertando assim um preço inferior pelo mesmo trabalho, ou, no caso, um trabalho melhor. Assim se passaram anos, quase semanalmente alunos recebendo ligações de outros profissionais com propostas e promessas. Não posso dizer que era algo que eu aceitava bem, mas o que me dava o estímulo para melhorar a todo momento era que, se meus alunos fossem e gostassem, agora eu precisaria melhorar. Porque é a lei do consumidor, não temos como mudar isso. Foi assim que fui moldando meu atendimento, com uns três ou quatro anos de formado eu já faturava mais de dez mil reais mensais, o que me colocava muito à frente daqueles mesmos amigos de profissão e muitos outros profissionais de outras áreas que por muitas vezes faziam chacotas. Ou seja, eu tinha alcançado o topo, e não teria mais nada para conquistar. E o engraçado é pensar que nunca quis fazer um concurso público com medo de me acomodar, olha que coisa. Eu em uma rotina de casa trabalho e trabalho casa. Foi aí que vieram fatos que me ajudaram a ficar mais próximo da realidade que eu estava vivendo. Sedentário, desanimado, sem perspectiva nenhuma. Era chegada a hora de aprimorar minha mentalidade e entender que a vida não aceita que fiquemos em pequenas redomas. Cada um tem uma capacidade e essa capacidade vai ser explorada, queiram bem ou mal. Mas não pense você que eu entendia isso de uma forma amorosa. Pelo contrário até. Achava que estava sendo perseguido por Deus. Entenda que não é o simples fato de estar por trás de uma obra dessas que aprendemos tudo com amor. É justamente o inverso, é que tivemos desafios dolorosos, mas que felizmente entendemos o recado de uma força maior e estamos aqui para amenizar ou talvez encurtar o caminho de quem está iniciando uma jornada pela qual já passamos.

Bom, e o contrário de zona de conforto, o que seria?

Eu já tacaria os dois pés no peito e diria zona de risco, em certo ponto não está errado, mas também se torna alguém difícil de se alcançar por uma grande massa. Porque nossa sociedade é dividida em perfis, cada um tem um perfil, e claro, existe um perfil que já vai logo dando a cara a tapa e não está nem aí. Porém, e os outros três quartos da população, ficam onde? Se falarmos dessa forma, as pessoas não vão querer se arriscar, primeiro porque nossa educação não nos educou a arriscar, muito menos a errar.

Ao invés de risco, vamos nomear zona de crescimento. Soa melhor assim? Com certeza, né? E entenda, essa é uma provocação intencional, para mostrar a você que até o uso das palavras é de fundamental importância. Ao longo de nossas vidas, vamos dando significados às palavras, e acredite, nós não percebemos isso acontecer. Por exemplo, se me falassem assim: "olha, teremos que fazer uma prova". Meu Deus, eu travava todinho. Parecia *burro véio* quando empaca. Percebe? Cada pessoal terá algumas palavras que vão trazer diversos sentimentos negativos, e isso será sempre uma incógnita. Por isso, usar palavras que naturalmente nos trazem bons sentimentos fará toda a diferença no processo.

O que seria uma mentalidade de crescimento? Eu já começaria a dizer que uma mentalidade de crescimento não oferece resistência a mudanças. Por mais que no primeiro momento traga inseguranças, o propósito que está por trás de todo esse movimento vai falar mais alto. E uma questão que não foi mencionada até agora, o medo é algo muito importante de se sentir, sabe por quê? Porque ele nos dá margem de segurança para evitar erros ou falhas, algo que o excesso de confiança nos venda. Pergunto para você, quem tem mais chances de morrer afogado na praia, uma pessoa que não sabe nadar ou uma pessoa que é exímia na natação? Quem sabe nadar, é claro, porque o medo da pessoa que não sabe nadar não vai permitir que ela se arrisque muito, ela vai sim entrar no mar, porém vai criar uma margem de segurança.

Mentalidade de crescimento então deve usar o medo como margem de segurança para evitar até mesmo erros bobos. Mas não deve usar o medo como agente limitador do crescimento, senão estaremos dentro da zona de conforto. Mentalidade de crescimento se permite ser treinada, se permite conhecer coisas novas, se permite até trazer inovações para a sua realidade, podendo até se transformar em uma inovação para a sociedade.

Não é difícil de se entender muito menos de se praticar, uma mentalidade de crescimento, como o próprio nome já deixa claro, será uma mente que estará sempre se permitindo experimentar o novo e a partir disso trazendo o que é de mais relevante para dar continuidade à sua evolução.

Lição de casa – fazer uma autoanálise para se perceber em qual dos dois olhares você está neste exato momento. Detalhe, seja sempre o mais transparente possível com você. Lembre-se da humildade e da flexibilidade para aceitar quem somos hoje.

Observação – registre tudo em papel para que você expresse de verdade o que sente nesse momento, se permita colocar para fora o que talvez não lhe caiba mais. E posteriormente você revisite essas anotações a fim de comparações de crescimento.

3.3 Crenças limitantes

Se eu te perguntar, hoje, o que mais te impede de conquistar todos os seus objetivos. Você conseguiria me responder quais são esses impedimentos?

Difícil responder, né? Ainda quando tudo parece tudo está caminhando perfeitamente, acontece algo inexplicável e a coisa começa a desandar. Mas se eu te contar que mais de oitenta por cento das causas que te impedem de crescer são crenças que você nem sabe que tem?

Vamos imaginar durante toda a nossa vida, eu não sei quantos anos você tem, mas vamos seguir uma ordem cronológica desde a infância.

Antes vamos aqui só pontuar o que são as crenças limitantes. Elas são tudo aquilo que você acredita ou tudo aquilo que você tem treinado aí dentro de você que em determinado momento vai surgir e você não vai perceber. Geralmente elas dão o ar da graça nos momentos decisivos, diante de uma decisão importante, ou uma ação que nunca tomei, ou apenas um simples sim, fazendo com que recuemos drasticamente, literalmente como um agente limitador. Seria como se fosse um limite, uma barreira com uma placa gigantesca escrito "proibido seguir em frente".

Talvez você já tenha lido sobre isso antes e nem dado a devida atenção para tal, mas vamos agora nos dedicar para remexer esse baú para ver o que sai de dentro dele. Logo quando começamos a interagir com o meio, quando ainda estamos experimentando o início da nossa estadia aqui no planeta, e falo nessa grandeza por isso ocorrer a nível global de fato, todos nós estamos sujeitos em qualquer lugar do planeta. Lembra quando eu disse sobre os leões de quinhentos anos atras, que provavelmente tenham os mesmos hábitos que os leões de hoje? Isso porque eles vão aprendendo com os mais velhos a postura que um leão tem na natureza e assim as experiências vividas vão sendo replicadas para as gerações futuras. Mas lembrem-se, estávamos falando de leões, certo? Agora vamos falar de pessoinhas, muitos estudos falam que os condicionamentos começam ainda na gestação, eu vou me limitar a falar apenas de quando começamos as nossas vivências e experiências de experimentar o ambiente que vivemos. Por exemplo, o bebê começando a engatinhar pela casa acha uma bolinha de plástico no chão, a mãe vendo o perigo que o filho corre se ingerir a bolinha acaba não pensando muito e tasca um tapa na mão do bebê, e como forma de descarregar seu estresse grita com o bebê, que por sua vez se assusta. Como é um bebê ele não vai entender as palavras, porém vai guardar aquela sensação. E como ele vem experimentando o mundo, vai se submeter a outras situações de risco constantemente. E se os seus pais ou irmãos, ou tios, ou avós, não se atentarem à forma que reagem a cada uma dessas experiências, o bebê vai sendo marcado por sensações de limitação.

Ainda se fôssemos fazer uma análise cultural, vivemos em uma cultura que não nos incentiva a errar, errar é quase que um crime para muitas pessoas. Aí temos dois caminhos limitadores conscientes, o primeiro é ter medo de executar algo por medo de ser punido ou repreendido, o segundo e pior a meu ver será o medo de magoar, ou ainda pior, o de decepcionar as pessoas à sua volta.

Mas com isso estamos apenas começando nossa observação, agora imagine você uma criança, ao menor sinal de querer fazer algo que não está de acordo com a vontade dos pais, contando ainda com pais que não têm a menor paciência, que muitas vezes são repressores ou controladores. Pais que estão apenas reproduzindo tudo o que passaram quando criança. Você consegue perceber como é um efeito dominó? E isso, doa a quem doer, só iremos doar para as outras pessoas aquilo que possuímos na nossa essência.

Consegue compreender que o furo fica muito mais embaixo do que muitas vezes imaginamos? Mas não fica só por aí, nossa infância ainda pode ser minada por muitos outros mecanismos. Outra que faz um estrago tão grande quanto a família é a educação. O período escolar vai acabar complementando o que começou em seu lar. Imagine professores mal preparados, sobrecarregados, muitas vezes pressionados por fatores externos, precisando dominar uma sala com muitas crianças com diversas necessidades e personalidades. Então a melhor forma para tudo isso se equilibrar é manter o domínio e criar um padrão. Tudo que vai contra o padrão sofre punição, até que se resolva o problema. Mas eu te pergunto, são todos os professores que são dessa forma, assim como todos os pais são dessa forma? Espera-se que não, mas infelizmente é uma realidade quase normal.

Imagine uma criança escutar, na escola e em casa, "você é burra, você não faz nada direito, você nunca faz a coisa certa, você nunca vai dar certo, você foi um erro, você só me dá trabalho, você nunca vai aprender, você nunca vai conseguir, você não tem futuro, nada que você fizer vai dar certo, eu falei que não ia dar certo, eu falei para você que tinha que ser do meu jeito". E quantas frases mais pesadas não disferem para as crianças? Pesado, né? E eu te pergunto, tem como dar certo assim, gente? Tem como prosperar desse jeito? Tem como ter uma boa autoconfiança? Como você vai conseguir enfrentar um grande desafio?

E isso que só pegamos uma pequena fatia do que pode ocorrer nas impressões de crenças. Agora imagine, em todos os ambientes que frequentamos sofremos algum tipo de repressão ou punição, seja por inaptidão física, seja por fugir de padrões estéticos convencionais, cor de pele, classe social, entre muitos outros aspectos. Eu aqui neste livro não serei um guru que ao estalar os dedos vai te curar de tudo o que te impede, a minha maior função aqui é de provocar um desconforto para que você perceba que somos submetidos a crenças limitantes todos os dias em diversos ambientes. E se você se acha uma pessoa que sofre com crenças que te limitam a crescer, passe por um profissional da psicologia, não foi de uma hora para outra que essas crenças foram criadas, elas foram sendo imprimidas lentamente durante anos em você.

Isso sem contar que temos crenças limitantes imprimidas por religião, que muitas vezes usam a sua crença em algo superior contra você, como, por exemplo, o próprio dinheiro – dinheiro não é de Deus, dinheiro é do Diabo, dinheiro não te leva para o céu, rico não entra no céu, e por aí vai.

Dificilmente uma pessoa escapa ilesa durante a sua vida das crenças limitantes, então passar pelo processo de descobrir, reconhecer e ressignificar crenças limitantes será fundamental para que você possa tornar a mentalidade de desconstrução uma poderosa habilidade. Quando nos permitimos e nos submetemos a tal processo de transmutação, não só enriquecemos nossa experiencia de vida, mas passamos a ajudar pessoas simplesmente sendo exemplos de superação.

Tudo o que não podemos deixar tomar conta desse processo de reconhecimento é o vitimismo. Quando passamos a incorporar o papel de vítima, e tudo que fazemos ou o que não fazemos é justificado por algo que você passou ou sofreu, isso te leva ao lado oposto de uma mentalidade poderosa. É necessário encarar os fatos e ainda não atribuir a culpa a ninguém, apenas contornar o problema e seguir encorajando pessoas por meio do exemplo de humildade, tornando-se referência de resiliência, disciplina e autoamor ao ponto de se tornar-se inspiração para muitas pessoas que também almejam alcançar a habilidade de descontruir.

3.4 Falta de Exposição

Assim como as crenças limitantes nos impedem muitas vezes de avançar para uma mentalidade de crescimento, a falta de exposição a grandes desafios ou a outros pontos de vista também limitará você de conquistar uma mentalidade poderosa. Muito se vê grandes atletas sendo reconhecidos por feitos incríveis, quase que sobre-humanos. Mas também temos pessoas de muitas outras áreas que também conquistam feitos históricos.

Fala-se muito sobre a tal da resiliência e da disciplina, e eu não tenho dúvida que são duas grandes ferramentas de crescimento. Mas dificilmente pessoas que nunca precisaram passar por um grande desafio irão desenvolvê-las. Isso porque são ferramentas que só são utilizadas quando precisamos passar por um grande momento de superação (como o próprio nome já diz, superar uma ação), quando só nos dedicando incansavelmente teremos a possibilidade de conquistar o que almejamos.

Eu conheço pessoas que nunca tiveram a necessidade de se expor a situações que exigissem tais capacidades, e acredite, quanto menos eu preciso mais será difícil eu desenvolver essa capacidade. Por isso muitas vezes vemos pessoas que são desenroladas para fazer tarefas. Isso só foi permitido pelo alto acúmulo de exposição aos mais diversos cenários que a própria vida os apresentou. Uma única vez que enfrento um grande desafio e sou bem-sucedido, nunca mais vou me esquecer daquela sensação. Mas imagine a pessoa que nunca sentiu algo tão forte em toda a sua vida. Por isso atletas querem tanto vencer, para sentir essa mesma sensação de conquista, de olhar para trás e ver que tudo o que foi feito valeu a pena.

Por isso será tão difícil uma pessoa entender esse sentimento de conquista se não o vivenciar. Dificilmente uma pessoa vai querer se submeter a um grande desafio ou se permitir ser desafiado se não tem esse espírito bem desenvolvido, e dessa forma será um grande convite para ela recuar e se limitar nas ferramentas que tem, não se permitindo largar o que já tem para aprender algo novo.

Uma outra forma de conquistar a capacidade de desaprender será se inspirando em outras histórias. Se inspirando em pessoas que são ressonantes a nós. O poder de uma grande história inspira pessoas a se movimentarem a partir da conexão verdadeira, tornando aquela pessoa uma inspiração.

Por isso, se você nunca viveu algo que te desafiou a ponto de te transformar, conecte-se com pessoas que viveram histórias reais para te inspirar, para te ajudar a se movimentar diante da sua própria vida trazendo a certeza que tem muitas coisas aí dentro de você que precisam ser desconstruídas para dar vida a novos conhecimentos. Conhecimentos que te ajudaram a ir de encontro a uma mentalidade mais flexível e de crescimento.

Se você nunca passou por uma exposição que lhe fizesse crescer, a partir de hoje se permita estar com pessoas que vão agregar de forma positiva o seu crescimento. Busque estar com pessoas melhores que você, enriqueça sempre o seu ambiente.

3.5 Preparando sua mentalidade de crescimento

3.5.1 Inspire-se em pessoas

Buscar modelar pessoas que nos trazem inspiração pode ser um bom caminho, busque livros, busque vídeos, busque estar pessoalmente em ambientes que não só auxiliam, como inspiram a transformação.

Hoje eu tenho certeza de que fui motivado a trazer esse conteúdo porque me inspiro em muitas pessoas que superaram seus medos e decidiram compartilhar com o mundo a sua visão.

Imagine uma pessoa que mal sabe ler ou até mesmo depende de corretor ortográfico para escrever de forma correta trazer ao mundo uma visão pessoal. Um adulto que sofreu quando criança todos os tipos de repressão do sistema por simplesmente não concordar com aquilo que era imposto. Imagine a superação de crenças que é para esse adulto estar se expressando ao mundo da forma que ele mais odiava quando criança.

Hoje só está sendo possível estar aqui sentado escrevendo este livro graças à capacidade de desaprender, de literalmente jogar fora tudo aquilo que não serve e buscar o novo, buscar um reaprendizado, de forma mais flexível. Mas repito, só é possível estar aqui hoje graças à mesma disciplina, à resiliência, à modelagem e ao ambiente.

Pessoas atraem pessoas, assim como pessoas se unem em um estádio para torcer pelo mesmo time, pessoas se juntam em igrejas, templos, praças, teatros, cinema, livrarias, bares etc. pelo mesmo pensamento em comum. Busque estar com pessoas que te levam para o próximo nível, se permita estar junto das pessoas que você tem afinidade intelectual. Se permita estar conhecendo novas pessoas com novas histórias, se permita reaprender com essas novas pessoas.

Esteja com pessoas que te compreendam, que te escutem, que estejam com você de verdade. Permita-se estar à vontade para se abrir e trazer tudo o que você não quer que esteja mais com você, escolha as pessoas certas, pois você também terá de ter a humildade de escutar verdades. Não será sempre só aquilo que agrada os nossos ouvidos, muitas vezes vai doer lá no fundo. Mas lembre que antes mesmo de reconstruir é preciso alcançar a capacidade de desconstruir, então temos de ser humildes e flexíveis para suportar o processo.

Lembre-se de que será fácil se esconder atrás daquilo que eu já sei que existe, difícil é se permitir continuar se afastando dos nossos refúgios para alcançar novas moradas.

3.5.2 Cultive espaços de troca

Espaços de trocas de experiências são indispensáveis para construir a sua trinca do crescimento, grupos de pessoas, grupos de ajuda, fóruns de discussão, grupos de leitura, eventos presenciais, escolher profissionais capacitados para te ajudarem de forma precisa e eficiente. Um bom profissional te ajuda a encurtar o caminho, e qual é o caminho mais curto entre dois pontos? A reta, estou correto?

Muito se busca por tratamentos alternativos por pessoas que muito se esforçam, porém não estão capacitados a ajudar. Lembre-se de que a prioridade sempre será você e o seu bem-estar.

Estar em grupos que ajudam a desenvolver o autoconhecimento se faz necessário, ter pessoas mais experientes que nós, ou, se podemos assim chamar, mentores que nos auxiliaram em nosso processo desenvolvimento pessoal.

Uma vez eu escutei uma frase a qual faz muito sentido para este momento, "brasa longe da fogueira apaga", ou seja, para que você esteja em pleno desenvolvimento, esteja junto de pessoas que estão te ajudando. Não tente seguir sozinho, respeite o seu tempo de desenvolvimento, às vezes o que é lento para mim é rápido para você, é frequente quando estamos nesse processo de autoconhecimento olharmos para o palco do vizinho. Evite comparações, isso só aumenta uma pressão desnecessária, leve o tempo que for preciso, busque o grupo de pessoas até achar o lugar em que você se sente pertencente, que te acolha, que te inspire a progredir, que te tire da zona de conforto, que te desafie, que te faça sentir alegria.

Uma outra oportunidade que te fará crescer e se desenvolver é se envolver em trabalhos comunitários, principalmente que ajudam diretamente outras pessoas em situações inferiores às que você se encontra. Uma das melhores formas de desenvolvimento é o servir, sirva o seu melhor ao próximo sem esperar nada em troca. Se permita sentir e vivenciar a caridade. Não há nada que nos desenvolva mais a não ser fazer a caridade, e eu já deixo aqui uma questão para você, perceba quem receberá mais nessa troca.

Pessoas precisam de pessoas.

3.5.3 Aceite o tempo de cada um

Quando estamos em um processo de desenvolvimento do autoconhecimento, é comum que passemos a observar tudo e todos que estão à nossa volta. Será uma guerra se livrar de debates aquecidos, mas escute o que vou te falar, ou melhor, leia com atenção o que tenho a dizer. "O seu processo é seu processo e de mais ninguém", assim como você não precisa dar satisfação para ninguém do seu processo, apesar de ser libertador, você também não se atreva a opinar na vida dos outros. "O melhor remédio é o respeito", por mais que esteja escancarada a dor do outro para você, não interfira, cada pessoa tem um tempo.

Quando pegamos lá o exemplo dos amigos de infância, percebemos muitas coisas sobre a vida que cada um tomou, quando avançamos o processo de autoconhecimento e nos permitimos aprender e desaprender, passamos a reconhecer determinadas situações de longe. Mas não temos o direito de intervir de qual forma for, a não ser com respeito. Todos somos livres e independentes para seguirmos o caminho que quisermos, e isso não lhe fará melhor ou pior do que o outro.

Nossas escolhas interferem no nosso desenvolvimento e isso cria um afastamento natural entre as pessoas. Pegue seus melhores amigos de infância, seja do bairro ou da escola, agora veja com quais deles você convive até hoje. Quantos deles você não fala mais, e há ainda aqueles de quem você era quase inseparável, e hoje quando se encontram além de saudações o máximo que chegam a conversar é perguntar se os pais estão bem. E isso é algo ruim? Nem sempre, na grande maioria das vezes vocês só não têm a mesma afinidade que tinham quando criança, às vezes as linhas de raciocínio não são mais as mesmas. E o que você tem que entender é que está tudo bem. Que isso é normal da vida, tenha gratidão e respeito por tudo que já viveram, mas sabendo que hoje já não têm a mesma afinidade.

Mesmo para o nosso próprio ambiente familiar, às vezes estamos nos desenvolvendo e quando passamos a observar os nossos pais não estão na mesma frequência. E acredite, você não pode inverter a ordem natural da vida. Por mais que doa no fundo do seu coração, devemos usar o respeito, se caso eles nem quiserem tocar nesse tipo de assunto, seja um filho, seja uma filha que respeite o seus pais, se ponha no seu lugar. Quando algo precisa mudar, ele antes de qualquer coisa precisa ser enxergado. Uma transformação nunca ocorre de fora para dentro, a transformação sempre terá de partir de dentro para fora. Doa o que doer.

Imagine esse caso comigo, um filho que cresce vendo a mãe indo buscar o seu pai no bar altas horas da noite. E que também encontra algo na bebida muito novo. Claro, isso já estava sendo treinado nele há anos, não poderia ser diferente, até o dia que esse até então jovem de dezenove anos finaliza um esquenta tomando álcool de cozinha. Não poderia acabar bem, esse mesmo jovem passa um tempo se recuperando daquele episódio, anos mais tarde passa por situação parecida, e decide nunca mais tomar nada de álcool. Já que seu avô e tio paternos tiveram um fim trágico. Ao perceber o grande mal que a bebida alcoólica traz para a saúde em todos os sentidos, cria-se uma preocupação com o pai que nos dias atuais ainda bebe. O filho tenta conversar com o pai, mas sem sucesso. Então cabe a quem perceber o grande mal?

Além de esperar, o filho pode se orgulhar de que aquele vício por modelagem está se encerrando nele, que o seu filho não será submetido a tal molde. Por mais que doa no filho, cabe a ele respeitar a decisão de seu pai.

O que podemos tirar de lição com esse caso é justamente entender o que é respeito, por mais que a nossa visão mostre algo que tenha de ser feito, devemos aceitar a verdade que cada pessoa trás. Por mais que possa doer muito algum tipo de situação, o que cabe a nós é entender a natureza de cada ser.

PARTE 4
APRENDENDO A DESCONSTRUIR

Que bom que estamos juntos até aqui, espero de verdade que algo possa ter tocado em sua vida. E aqui será o momento em que vamos elucidar momentos vividos que foram divisores de água, que me ajudaram a não só perceber a necessidade de desconstrução, mas colocá-la em prática. Tente ir além do que está escrito, tente se colocar nessa mesma situação, para que de uma forma mental você já sinta o que eu passei nesse momento de transformação, e busque momentos em sua jornada que foram parecidos, mas por algum motivo não foi possível largar algo para trás, contudo que hoje você ganhe um novo fôlego para seguir adiante.

É preciso salientar que para que houvesse grandes desconstruções, houve dias, semanas, meses ou até anos para serem lapidadas, até que o dia do fato fosse mais uma parte executada do processo. E aqui nesse momento estamos clareando possíveis necessidades de movimento, para que você possa seguir um caminho diferente do que está seguindo hoje, ou servindo de impulso caso você já tenha rompido a bolha. Não use comparações, nunca será tarde o bastante para iniciar um processo. A única limitação que nos impedirá de crescer serão as barreiras mentais. Tudo é possível, basta acreditarmos.

4.1 Primeira desconstrução consciente

Apesar de sempre ter tido uma vida de desconstruções, muitas delas foram inconscientes. E isso é natural de todos os seres, porém é preciso mudar o modo de inconsciente para consciente. E preferencialmente que seja consciente intencionalmente. Para que possamos fundamentar de fato toda a nossa jornada, e não apenas confiar no destino ou muito menos na sorte. Tudo o que precisamos na vida é ser mais conscientes, ter mais consciência da vida nos permite decidir melhor sobre as nossas escolhas. Que impactam de forma muito positiva em todas as áreas da sua vida.

A minha primeira grande tomada de decisão foi quando eu precisava de um tênis novo, porque o meu estava com a sola furada, dando a impressão de que meu tênis tinha uma boca, e o engraçado ainda era usar a palmilha de língua para fazer ventrículos. Brincadeiras à parte, minha mãe me levou na loja mais famosa da cidade, claro que eu já tinha a minha escolha, porém o dinheiro que minha mãe tinha não permitia comprá-lo. Minha mãe mostrou a opção que poderia comprar. Mas não era o que eu gostaria de ter.

Então falei para minha mãe: "mãe, não precisa comprar tênis para mim não, porque esse eu não vou usar. Calma que eu dou o meu jeito!"

Minha mãe ficou bem chateada, porque eu disse que mesmo ela comprando eu não usaria. Com ela muito brava, voltamos para casa. Esse fato ocorreria em um sábado.

Na quarta-feira na semana seguinte, cheguei em casa todo feliz dizendo para minha mãe: "mãe, você pode comprar o tênis que eu quero parcelado lá na loja?" Minha mãe, brava, novamente respondia: "Leandro, claro que não se eu tivesse dinheiro para tal, eu já tinha feito no mesmo dia. Se você quiser, eu pego o tênis que te falei". E eu, sem esconder a minha alegria, dizia para ela: "mãe, pode comprar, porque quem vai pagar sou eu, arrumei um emprego".

Minha mãe com os olhos arregalados, e com uma expressão de espanto, dizia: "oooooooooooooo QUE? Vai começar a trabalhar?"

Aí você já viu, começa uma enxurrada de perguntas e questionamentos sem fim, em que mesmo que inconscientemente ela confrontaria a necessidade de um trabalho. Vamos ver se você vai bem nos questionamentos que minha mãe fez...

"MAS VOCÊ ESTUDA!"

"A SUA PRIORIDADE É O ESTUDO, QUE EU E SEU PAI NÃO TIVEMOS."

"VOCÊ NÃO TEM IDADE PARA ESTUDAR À NOITE."

"COMO VOCÊ VAI PARA O TRABALHO?"

"VOCÊ É MUITO NOVO."

E por aí foi uma sequência de perguntas infinitas, eu a esperei acabar de perguntar e comecei a explicar para ela...

Que meu emprego era meio período, que eu não teria que mudar o horário da escola. Que o patrão era amigo da família. O quanto eu iria ganhar por mês.

Ela ainda sem muito acreditar, percebeu que era real quando ligou para meu futuro emprego perguntando se era verdade. Quando desligou o telefone, ela não sabia o que fazer.

Agora vamos por partes, para que possamos sugar o máximo de conteúdo desse momento, e entender o que é desconstrução e o que são crenças que irão limitar.

Primeiro ponto, "eu já não achava justo minha mãe ter que gastar o dinheiro sofrido dela com os meus gostos". Veja que por motivos de crenças o meu pensamento era dar mais valor ao dinheiro que minha mãe ganhava. E só era sofrido porque ela sempre falava dessa forma. Ou seja, eu ao invés de pegar o sofrimento de ganhar, passei a buscar um trabalho para que ela pudesse aproveitar melhor o dinheiro dela.

Segundo ponto, ela pensava tanto na ideia de que tudo era muito sofrido. Para muitas pessoas soa no lado financeiro que "SIM, é preciso sofrer para ganhar". Ainda ela percebendo que era sofrimento, tentou justificar com questionamentos para que eu não passasse a sofrer também.

Terceiro ponto, buscar uma solução, no meu caso um emprego, já é uma desconstrução. Pois estava abandonando a posição de confiar na sorte para quem sabe ganhar as coisas que eu gostaria de ter, para a posição de construir as oportunidades de conquistar as coisas que eu gostaria.

Quarto ponto, mesmo com um medo danado do novo desafio, eu o enfrentei, não deixava pensamentos externos me influenciarem, ou muito menos os meus próprios pensamentos de autopiedade e autocompaixão.

Eu chegava da escola, almoçava correndo, pegava a bike e ia para o trabalho. Saía da escola às 12h10 e entreva às 13h.

Os pensamentos de desistir foram até o dia que recebi meu primeiro salário. Foi nesse dia que percebi o grande salto que dava em minha vida. Como era um estúdio de fotografia, eu aceitava até os trabalhos de fim de semana para fazer uma grana extra.

Qual a recompensa? Poderia citar muitas, inclusive a de conquistar os bens materiais que eu sempre sonhei, como, por exemplo, computador, título de um clube da cidade que eu sempre sonhei, paguei minha própria habilitação, mas o maior ganho que eu pude sentir era o gostinho da independência. Claro, ainda morei por muito tempo com meus pais, mas era incrível além de contribuir com as despesas ter a tranquilidade de que meus pais não precisariam gastar seu dinheiro com meus desejos e ainda poder comprar as coisas que eu queria, sem que alguém sequer desse a opinião.

4.1.1 Conclusão e observações gerais

Perceba que ainda que uma ação seja positiva, nesse caso, de arrumar um emprego, as pessoas não conseguem enxergar além inicialmente, e que isso desencadeou uma série de perguntas descontroladas, a fim de que todas juntas formassem uma justificativa para não ir. O que devemos entender é que todos os dias acontece a mesma coisa, e com diversos tipos de pessoas ao nosso redor. Eu poderia facilmente ter reclinado ao emprego. Mas o propósito bem consolidado fez com que eu não só prestasse atenção no que minha mãe perguntava, como tivesse uma sobriedade emocional para pontuar tudo para ela, de uma forma simples, mesmo sendo um adolescente. Depois de muitos anos ainda ela trazia como uma ferida eu ter começado a trabalhar, para ela era como se fosse um fracasso dela. Isso porque ela foi obrigada a trabalhar quando criança, para ajudar a sua família de mais seis irmãos. Ferida essa que não foi tratada, e que reapareceu quando se viu em autojulgamento, e chegando à conclusão de que o que ela fez foi fracassar, e que facilmente poderia ter sido mais uma crença passada para mim.

Não que naquela época eu tivesse essa visão aprimorada que tenho hoje, mas justamente hoje, fazendo a releitura de toda a situação vivida, eu não escolhi ficar de braços cruzados. Eu encarei os meus desafios, e não me arrependi, até pelo contrário, eu tenho muito orgulho de ter tomado essa decisão. E lembrando de tudo que já vimos por aqui, se colocar em posição de desafio, teremos muitas lições para levarmos para a vida inteira. Esse meu primeiro trabalho foi extremamente desafiador, gerando impacto para a minha vida inteira. Quando tenho algum desafio pela frente, eu lembro de uma situação que passei, da qual me orgulho muito. Meu ex-patrão havia me ensinado uma única vez como se faria quadros. Pois bem, estávamos às vésperas da festa mais importante da cidade, quando um dos patrocinadores teria um caminhão com uma foto de uma marca conhecida aqui da cidade. Essa foto demorou simplesmente uns dois meses para ficar pronta. Chegou literalmente um dia antes do evento começar. Foto essa que se tornaria um quadro, ponto máximo do stand da empresa. Meu patrão, com uma série de eventos naquele dia, simplesmente virou para mim e disse: "Leandro, faz o quadro, e a hora que voltar quero ele pronto". Eu quase me borrei. Sem chance nenhuma de questionar, peguei as coisas e fui fazer o tal quadro, eu tremia tanto para fazer que a chance de dar errado estava sendo gigantesca. Mas parei para pensar, "Pô, se ele confiou em mim para fazer esse quadro, eu tenho capacidade para fazer". Foi aí que rezei uns dez pais-nossos, e executei a missão. Agora não me pergunte se foi eu ou se foi Deus não, tá? Vou acreditar que fui eu. Rs.

Aproveitando esse gancho das crenças que minha mãe traz de infância, em algumas oportunidades elas se mostraram em mim também. Principalmente quando nasceu meu filho. O importante é ter clareza do que se fazer em cada momento. Porque nunca estaremos perfeitos, mas se pegarmos por um outro ponto de vista, sempre estaremos preparados para descontruir e reconstruir da melhor forma. Aí sim, estaremos prontos e conscientes para seguir a nossa jornada.

4.2 Desconstruindo Corpo e Mente

Você sofre com a sua aparência física? Há algo que você não é satisfeito com sua aparência física? Se você respondeu sim para essas duas perguntas, saiba que você faz parte de um grande grupo social que divide as mesmas insatisfações.

E será nesse momento que vamos juntos refletir sobre algumas questões que possam te ajudar a descontruir seus conceitos para, sim, dar espaço a um novo conceito sobre saúde.

Não poderia começar de outra forma a não ser retratando as minhas experiências de vida, não vejo outra pessoa que tinha tantas crenças relacionadas a estética como eu. E foi graças ao meu crivo ético que não me perdi pelo caminho, algo que poderia ser irreparável.

Bom, vamos lá. Quando criança eu tive muitos problemas de saúde, principalmente com o sistema respiratório. Desde muito novo fui conectado ao esporte por meio da natação. Já partimos daí com as construções que começam a nos distanciar de quem somos de verdade. Por acaso você já ouviu alguém falando assim: "Olha, vou colocar meu filho na natação, para ele crescer"? Ou "Eu não coloco meu filho na ginástica porque ele vai ficar baixinho"? Entre outros, né. Mas vamos pegar os mais comuns. Já ouviram falar? Você sabia que isso não é verdade? O que acontece com o esporte é uma seleção natural de biotipo. E sim, os atletas que mais se destacam são os que mais se aproxima desse biotipo. Por isso, para um atleta que se destaca houve milhares que ficaram pelo caminho. E os aspectos psicológicos dos atletas que não estão nesse padrão muitas vezes se não trabalhados geram crenças para o resto de suas vidas. Porque também existe toda uma pressão ao redor desse atleta, que por falta de entendimento dessa rede de apoio muitas vezes ao invés de apoiar acaba aumentando a cobrança sobre o atleta.

Pois bem, vamos usar primeiramente esse estereótipo de um atleta, quando se tem uma referência, você passa a olhar de uma forma completa para ela. Desde hábitos alimentares até hábitos de treino e o que será o nosso principal aqui discutido, a estética física.

Quando eu era atleta, eu não tinha um suporte, até por questões financeiras, então hoje falando de uma forma mais técnica, eu sempre estava em déficit calórico, e além de não ter um grande desempenho nos treinos, eu também era um verdadeiro chassis de grilo. Algo que me constrangia muito e que hoje é identificado me gerou um sentimento de inferioridade.

Na minha cabeça eu tinha uma referência estética que gostaria de ter, e aos dezessete anos quando parei de nadar, por múltiplas lesões nos ombros, me vi realizando um sonho estético na musculação. Aí eu sabia que poderia alcançar meus objetivos físicos. Mas nem tudo é um mar de alegrias, eu sempre fui muito esforçado, mas em um período faltava um direcionamento adequado, então o que era um sonho se tornou um pesadelo, porque ao invés de ficar forte, eu havia desenvolvido uma barriga desagradável. Isso porque faltava o direcionamento nutricional, e você dando ouvidos para a galera da musculação que mal sabia o que fazia para si mesma, e ainda se dava o direito de compartilhar aquilo como se fosse a verdade absoluta. Ou seja, mais uma vez frustrado, até que decidi ingressar na faculdade. Naquele momento eu decidi acreditar em tudo o que estaria estudando. Não demorou muito e comecei já usar meus conhecimentos para alcançar meus objetivos. Foram anos de muita disciplina até enfim conquistar um corpo estereotipado. Mas, como tudo o que não está ligado à nossa verdadeira essência se torna insustentável, eu passaria de um físico de noventa e quatro quilos, com aproximadamente nove a onze por cento de gordura, para um físico de cento e vinte quilos e obeso grau dois.

Ou seja, toda uma vida para entender que no fundo eu deveria apenas ser quem eu precisava ser de verdade, que não importaria o meu corpo, mas sim quem eu sou realmente, e quem deve estar ao meu lado são as pessoas que me aceitam da forma que eu sou, e não um pressuposto de quem eles querem que eu seja. Como diria o dito: "Você fica bem assim do jeito que Eu acho o melhor para você".

Com essa breve história da minha vida, que ainda vou trazer em uma outra oportunidade com mais detalhes, gostaria de analisar tudo o que fiz para hoje ter uma clareza de quem eu preciso ser de verdade, e também te ajudar a refletir sobre os pontos que você talvez precise desconstruir acerca da sua saúde.

Podemos começar já identificando o que eu entendo por saúde hoje. Em minha visão saúde é um composto por três pilares fundamentais: MENTE, CORPO e ESPÍRITO. Ou seja, para que nossa saúde esteja o mais próximo de cem por cento, é preciso que esses três pilares estejam alinhados.

Então para que eu pudesse chegar a esses três pilares fui jogado em um profundo poço, que foi cavado por mim mesmo.

O start foi um estalo que tive ao me perguntar qual exemplo eu estava sendo para meu filho estando daquele jeito. Foi aí que percebi que tinha muito entulho que deveria ser removido.

E quando as pessoas me perguntam o que eu mudei, se foi alimentação, qual o treino que fiz, eu simplesmente respondo: "mudei minha mentalidade". Simplesmente por perceber que todo o caminho que tinha percorrido durante décadas acabaria em um grande buraco. E foi desconstruindo tudo o que tinha feito durante décadas e décadas que passei a libertar quem eu deveria ser de verdade, a deixar transparecer quem eu sempre acreditei ser, deixar enfim a minha verdadeira essência florescer.

Passei a retirar todo o peso que eu carregava sobre os ombros que eu mesmo tinha colocado, quebrar promessas nas quais só eu acreditava, deixar de estar com pessoas que não compartilhavam mais com os meus pensamentos, eu fiz uma grande faxina mental. A qual não foi fácil, havia coisas que estavam coladas em mim, que demoraram muito tempo para serem enfim desgrudadas. Você deve estar se perguntando como fazer isso, e eu vou ser claro com você, eu simplesmente passei a cuidar de mim, e tudo o que de alguma forma me fazia mal eu cortei pela raiz. Para uma mudança de vida, não existe meio termo, ou é ou não é. Ao menor sinal de que algo não faz bem para você, corte o quanto antes. E o empoderamento que ganhamos ao nos importarmos mais com a gente do que os outros é inexplicável. É algo tão maravilhoso e libertador. Só passando por esse processo para entender de verdade a grandiosidade.

De tudo o que eu já fiz por mim mesmo, me permitir cuidar de mim é o melhor até hoje, e sempre será. Já dizem as instruções das aeromoças quando vamos viajar de avião, "quando cair a máscara, inicialmente, vista a sua!" Você entende?

    Existe segredo? Não, não existe, mas envolve muitas outras coisas que podem tornar o caminho difícil. Como, por exemplo, disciplina, autocuidado, resiliência, fé, autoconfiança. Porque você entende que estamos deixando para trás anos e anos de condicionamento, e que muitas vezes tudo tem que ser literalmente arrancado de dentro de nós. Vai criar um vazio gigantesco, vai causar um vazio imenso em você. E você se lembra da parte que falamos sobre voltar aos velhos hábitos? Se a decisão não estiver ancorada em um bom propósito, sinto em dizer, mas você vai voltar para trás. Um exemplo simples, amizades de anos as quais você entende que são ruins para você, pessoas que já não fazem mais sentido algum estarem em sua vida, certo? Mas imagine que foi um círculo de amizade por anos, que dividiram muitas coisas juntos, que foram confidentes, que passaram boa parte dos últimos tempos juntos, quais as chances de você os procurar, mesmo que inconscientemente? São gigantes, você concorda? Não é algo fácil, principalmente se estamos falando de familiares, mas a partir do momento que eu decido, que eu tomo a decisão, que retiro as vendas que cobrem meus olhos e ancoro o meu propósito focado em uma nova etapa da vida, um novo recomeço de vida, uma vida mais próxima de uma vida extraordinária, passamos a ter uma mudança mais sustentável. Temos maior poder de decisão sobre a nossa própria vida.

    Por isso, as pessoas se surpreendem quando passo a explicar que a minha maior mudança foi uma mudança de mentalidade. Eu passei a me aceitar da forma física que eu estava, para uma mudança física mais adequada, da qual eu limpava qualquer tipo de referência estereotipada. Eu parti para uma regrinha bem simples, e fácil de ser aplicada, que me faz hoje levar a vida muito, mas muito mais leve, a qual nunca pensei que pudesse existir e se você me permite eu gostaria de compartilhar com você as minhas decisões tomadas.

    Hoje tudo o que eu escrevi aqui é o que eu falo diariamente com as pessoas que estão à minha volta, é a mais pura verdade. Eu aplico tudo isso em minha vida.

Digo até que minha mentalidade é tão flexível e moldável que ao perceber que tenho uma crença eu me permito vivenciar o outro lado antes de fazer qualquer escolha ou emitir a minha opinião.

Uma prova disso é algo que mudei recentemente, eu faço parte de uma startup que se chama ATIVAMENTE, nessa ajudamos pessoas a se integrarem na atividade física, no caso em questão para esse ano, usamos a corrida como meio de intercessão. Já que é a mais democrática atividade física que temos hoje. Mas qual foi a quebra, eu até então acreditava muito na corrida, porém eu tinha comigo mesmo que não gostava de correr. E falava isso naturalmente sem que percebesse, quando me permiti ser envolvido pelo ambiente de um grupo privado que criamos dentro da corrida, tive um estalo, e percebi que minha mentalidade poderia ser mudada, que eu já não precisaria carregar o NÃO GOSTO DE CORRER, porque eu estava me privando de algo que eu nem saberia dizer se de verdade eu não gostava ou se eu não me permitiria gostar. Foi aí então que me permiti começar a ser treinado para correr, hoje já alcancei uma distância de oito quilômetros, com objetivos ainda maiores, porém sem atribuir nenhum peso sequer sobre meus ombros. Hoje eu gosto de praticar a corrida, não almejo competições, penso muito mais pelo lado do desafio interno, o de quebrar as minhas barreiras internas.

Outro ganho que construí foi me permitir aprender com cada pessoa que está em minha vida, não importa se é mais velha ou mais nova, eu me permito escutá-las sempre. Porém opinar em meus direcionamentos eu selecionei pessoas as quais por algum motivo me despertam admiração. Não só ter referencias, mas permitir que elas possam contribuir para o seu desenvolvimento e crescimento pessoal, se faz necessário. Para que isso possa ocorrer e que seja uma forma saudável e sustentável, vamos identificar alguns pontos de observação. Para que você possa permitir que uma pessoa faça parte da sua reconstrução o primeiro fator e primordial é que fique claro uma ressonância saudável que essa pessoa cause em você. É a sensação que temos que ter quando encontramos uma pessoa com quem queremos nos casar ou namorar, é sentir aquela sensação boa de estar junto. Um detalhe muito importante é você conseguir identificar o tipo de pessoas que você quer se conectar, se são pessoas positivas ou negativas, às vezes conseguimos responder muito do que somos com as pessoas que temos ressonância, isso tanto do lado bom quanto ruim. Se for ruim, não se assuste, mas tenha clareza do seu estado atual.

Perceba quais reações você tem ao saber que vai encontrar a pessoa que você quer ter como referência ou as que você já tem em sua vida atual. Perceba quais são os seus sentimentos, se são bons ou tensos, se te causa bem-estar ou mal-estar. Lembrando que tudo que causa desconforto me faz mal, é sempre bom salientar, né, vai que não ficou claro, e você acha que é normal estar com pessoas que te causam mal-estar.

Ao encontrar pessoas com as quais você tem uma ressonância saudável, aos poucos vá permitindo observar cada vez mais o que te chama atenção dessa pessoa, permita que isso transborde em você. E mais um lembre, essa pessoa SIM terá defeitos, todos nós temos, e está tudo bem, apenas relembre que essa pessoa não é perfeita, reconheça os defeitos dela, e permita que ela seja imperfeita. Para que você não a coloque em um pedestal e acabe a endeusando.

O segundo ponto é se permitir realizar hábitos que você sabe que te levam de encontro a ter mais saúde, falando, por exemplo, do emagrecimento que eu passei, foram mais de cinquenta quilos no total. Eu sabia que precisaria emagrecer, sim, sabia. Mas eu sabia também que todo aquele peso não havia chegado do dia para noite, eu não fui dormir com noventa quilos e acordei com cento e vinte. Eu passei por um processo, o qual eu nem percebi, mas passei. E o que eu tinha clareza era, os bons hábitos vão me levar de encontro a uma vida mais saudável. E é simples assim, falando com uma amiga, falávamos sobre o mesmo ponto, não existe reza, não existe feitiço, muito menos milagre que transforme algo do dia para a noite, e pensando justamente nisso, o que vai mudar o nosso jogo serão os aprendizados de todo o processo que vamos passar, que nos trará para a vida. Todas as dificuldades, todos os ganhos. Por isso o processo é imprescindível para qualquer resultado. É durante o processo que vamos tirar todas as lições que precisamos, porque imagine, se fosse fácil, se de fato ocorresse algo milagroso, não teríamos nada a aprender. Seria algo vazio, que não iríamos valorizar, mas você percebe que é algo que prende muitas pessoas ainda? A tal da fórmula mágica? Todos querem a praticidade, ninguém quer enfrentar nenhum tipo de processo. Mas imagine só você, eu alcançar um corpo que eu sempre sonhei, dedicar muito tempo de vida em prol disso, e quando alcancei, entendi que não era para mim, que aquilo não era eu de verdade. Foi muito difícil me desprender de tudo aquilo, e reforço, foi graças ao meu entendimento de quem eu era e precisaria ser de verdade que me fiz não desistir, meu processo foi tão revelador que me ajudou a estar aqui hoje, nessa posição, esperando mostrar por meio do meu processo que, sim, vale a pena ser quem nascemos para ser. E hoje eu entendi verdadeiramente que foi a partir do meu corpo e minha saúde todo o processo de desconstrução e reconstrução mental que pude fazer. Então só posso ser grato por tudo o que passei, não foi fácil, não é fácil e nunca será fácil, desde que não tenha um propósito sólido.

Eu confiei no processo, eu não diria que foi lento, eu diria que levou o tempo necessário para que pudesse compreender que a beleza de um corpo não está em um estereótipo social, mas sim na leveza de ser quem você nasceu para ser, a leveza de ter a saúde que inspira, a conexão de mente, corpo e espírito. Todos perfeitamente alinhados.

Para finalizar o que posso deixar de direcionamento, sobre ter saúde, troque a palavra pressa por direção. Encontre a direção certa e permita-se vivenciar o processo, amanhã pode ser você dando o seu depoimento de transformação.

4.3 Abandonando medos e inseguranças

Eu vou começar da forma mais simples dizendo como você reeduca a sua mente para os medos e inseguranças. A fórmula mágica é "ENTENDA DE ONDE ELES VÊM".

Simples, não é mesmo? Bom, se fosse simples ninguém sofreria com isso.

Sabe aquela historinha que fala do homem que ousou enfrentar o medo de sair de dentro da caverna e descobriu um novo mundo fora dela? E quando ele voltou para falar sobre a sua grande descoberta, quase foi linchado por seus até então amigos? E ao perceber que eles não viriam junto a ele para o novo mundo, ele seguiu sozinho.

Sinto em te dizer, em algum momento da sua vida você terá de sair da sua caverna. Um dia eu também ousei sair. E nunca mais parei de crescer.

É preciso pontuar que medos e inseguranças só existem porque é algo que eu nunca vivi antes. Para não falar que só tenho vivências vitoriosas, vou contar uma aqui que eu não me perdoei até hoje.

Alguns anos atrás tive a oportunidade de viajar para o México, fui para Cancun em uma celebração. Pois bem, ao saber que iria viajar meu estado de euforia era quase que incontrolável. Quando eu me dava conta de que tinha conquistado tal feito, eu explodia de alegria. Mas, olha só, foram se passando os dias, e eu comecei a cair na real de que eu iria sem a minha esposa. E que até então todas as viagens que eu fiz para o exterior eu só havia ido junto dela. E olha o detalhe importante, eu sempre estive acomodado em aprender uma nova língua. Até tenho alguns fatores para tal, porém nada que justifique, já diz o ditado: "QUEM QUER FAZ, QUEM NÃO QUER DÁ DESCULPAS", pois bem, eu nunca tinha me dedicado a tal. Quando eu vi que era real a minha viagem, eu entrei em choque. E é agora que vem a cereja do bolo, na hora de escolher a passagem, havia uma possibilidade pelo mesmo valor, prestem atenção, o mesmo valor de passagem de volta, vindo no mesmo dia com conexão no Panamá, e uma outra passagem que teria uma conexão em Miami, Flórida, com a única prerrogativa de ter o visto americano, no caso eu tenho o visto. Mas qual foi a minha escolha? Voltar pela conexão Panamá. Agora eu te pergunto, sabe por quê? Simplesmente porque eu não falo inglês. E o meu medo e minha insegurança não me permitiram viver algo que poderia ser ainda mais surreal. Sabe o que eu perdi? Eu perdi a possibilidade de acompanhar um dos maiores jogos de playoff da história da NBA. E tudo isso graças à minha cegueira ocasionada pelo medo e insegurança de encarar um desafio. Olhando com mais calma, pô, tinha N possibilidades, eu não passaria aperto nunca, porém tudo foi encoberto por uma venda.

Quais os pontos que podemos usar nessa desconstrução? Primeiro, eu poderia ter me preparado ao longo da vida, sim, talvez seja o básico para uma pessoa como eu que almejo sempre conhecer outros lugares: estar preparado. Mas olha a falta de coerência, eu sempre sonhei em fazer viagens para o exterior, mas qual foi a parte que eu não entendi que para isso eu deveria estar o mínimo preparado, e mais, como eu crio a possibilidade e na hora de realizar eu peco por não ter o mínimo. Eu tinha tudo, inclusive coisas mais difíceis, por exemplo o próprio visto. Porque não é qualquer pessoa que consegue tirar o visto, e eu tenho o mais complexo, como eu não realizei esse sonho? Por medo, por insegurança, pelos dois me gerarem ansiedade ao ponto de não ser racional. Eu tenho um smartphone, que tem acesso à internet do mundo inteiro praticamente, como eu não pude pensar que poderia me comunicar dessa forma? Você compreende o grau de cegueira causado por deixar que o medo e a insegurança tomassem conta de mim?

Outro ponto muito, muito importante, eu sempre estive em uma posição confortável sabendo que minha esposa é poliglota. No fundo eu sabia que ao lado dela eu não passaria apertos, e digo mais, eu jogaria toda a responsabilidade nela, que é o pior. E eu nem sequer me dei a possibilidade de pensar: "e se essa mulher passa mal, e eu que tenho que me virar?". Muito eu atribuo ao entrar em um estado de absoluto comodismo, não tem outra coisa. E graças a Deus não foi de outra forma a não ser essa de deixar de ir a Miami, graças a Deus. Hoje eu tenho essa consciência. E desenvolvi a consciência de que o medo e a insegurança virão ao menor sinal de despreparado mediante qualquer situação da minha vida. E hoje eu sabendo disso, preciso estar preparado para todas as situações, mesmo uma simples, que usando esse mesmo exemplo da viagem, que eu não me permiti, foi dar a oportunidade de expor o meu medo para a minha esposa. Eu tenho certeza de que se eu falasse para ela, ela na mesma hora me ajudaria a descontruir esse pensamento e me daria todo o suporte possível para que eu estivesse realizando esse sonho em Miami. E eu simplesmente não tive coragem, isso mesmo que você está lendo, eu não tive coragem de falar com ela. Por quê? Porque no fundo, lá no meu inconsciente, eu sabia que ela iria me ajudar, e possivelmente eu teria de enfrentar o medo e a insegurança, então minha mentalidade nem cogitou essa possibilidade.

Eu me arrependo, nossa, muito, muito mesmo, mas eu só pude perceber porque também não fui, porque depois que passou eu percebi que não era bicho de sete cabeças, que muitas vezes por mais que eu não estivesse preparado, sempre vão existir pessoas que estarão prontas para nos ajudar. Mas só será possível quando nos permitirmos descontruir velhos conceitos para dar lugar a novos conceitos.

Hoje eu passo a olhar para os meus medos e inseguranças como oportunidades de ter novas percepções da vida. O medo na verdade serve para que tenhamos cautela ao nos aventurarmos por novos caminhos. O medo nos dá margem para caminhar com segurança, lembra quando perguntei quem tem mais chance de se afogar na praia? Pessoas com uma confiança muito elevada podem ser traídas por detalhes que passaram desapercebidos.

A insegurança pode vir de crenças que fizeram parte da sua vida, seja herdada dos seus pais ou ambiente de convivência, no caso pode até ser a casa de avós, tios ou até da escola, ou pragmatizados por pessoas dizendo que você não era capaz, que você nunca iria conseguir fazer determinada coisa, construindo crenças limitantes de incapacidade. E tudo que for colocado à prova sempre lhe causará insegurança. Até que você por meio da prática prove o contrário, que sim, você é capaz e que nada pode te limitar.

O que eu tirei de aprendizado com esse ocorrido é que não importa o grau de evolução de cada um, sempre estaremos sujeitos ao conforto da caverna. E que mais uma vez devemos nos colocar em posição de desconforto se almejamos passar para o próximo nível. Minimize as possibilidades de erro, usando o medo como mediador do progresso. O grande segredo para usar o veneno tanto para o bem quanto para o mal está em saber administrar a sua dose.

4.4 Desconstruindo a dependência de relacionamentos

Não seria o suficiente eu dizer para você que talvez as pessoas sejam dependentes de relacionamentos, desde amizades até amores, porque criam uma dependência. Isso porque não é algo simples de se explicar.

O primeiro olhar deve ser fixado em qual a necessidade ou carência que desenvolvemos e que nos mantêm ligados a determinada pessoa que possa suprir tal vazio.

Esse mergulho de desconstrução vai nos dar a oportunidade de entender todas as nossas maiores necessidades. Necessidades essas por sua vez que podem ser herdadas em algum momento do nosso desenvolvimento.

A maior referência para evidenciar uma profunda dependência de um relacionamento é você simplesmente se imaginar longe dessa pessoa. E sentir o que esse vazio lhe traz.

Eu ao mesmo tempo que gostava de ser livre, não me imaginava longe da minha esposa, na época namorada. A minha dependência emocional me exigia estar com ela, e digo, isso quase nos separou definitivamente. Até que eu pude entender em que estavam as minhas maiores necessidades emocionais, que me faziam ser dependente da namorada que eu tinha.

Com isso, aprendi muito sobre não depositar nas pessoas as minhas expectativas, esperando que fossem realizadas de forma intuitiva. Eu pude perceber também que eu sempre buscava pessoas, inclusive amizades, que pudessem suprir as necessidades que eu tinha. Porém não como algo que pudessem me ensinar, mas esperar que as pessoas fossem a parte que me preenchesse. Com isso, vivi muitas decepções, mas hoje não atribuo às pessoas que fizeram parte disso, ao contrário, a mim mesmo, que mais uma vez me acomodava diante das situações.

E foi graças a muitos tombos que pude entender qual seria o melhor caminho para termos relacionamentos bem-sucedidos.

Hoje eu entendo que para ter um relacionamento saudável para ambas as partes, é fundamental primeiramente ter uma conexão saudável, longe de cobranças e pressões. Depois é imprescindível ser um relacionamento autêntico e equilibrado. Algo que mesmo passando por momentos difíceis permaneça leve e transparente. Que seja uma conexão de frequência próspera, alegre, generosa e mútua. Que ambas as partes sempre saiam ganhando. Busque relacionamentos que agreguem para o crescimento de ambas as partes.

4.5 Sucesso profissional

Para você o que seria sucesso profissional? Você se considera bem-sucedido profissionalmente?

Pergunta difícil, né? Para mim por muito tempo também foi. Eu vou falar a minha visão sobre o que seria sucesso profissional, para que te ajude a construir um novo parâmetro, caso for necessário.

Por muito tempo eu achei que sucesso profissional seria refletido em ganhar dinheiro, para mim isso era quase perturbador. Porque eu trabalhava muito, mas não ganhava o que achava justo para tal.

Aí eu fui entender que o meu problema não estava relacionado ao sucesso e sim à minha valorização por todo o trabalho entregue.

Porque o sucesso profissional é simplesmente realizar o que se propôs a fazer, e ponto. Se você se propõe a fazer determinada tarefa em seu trabalho e você o realiza, pronto. Missão realizada com? Sucesso. Ou seja, sucesso é realizar a tarefa. Um salva-vidas se propõe a salvar a vida de alguém, e salva, nada mais fez do que se propôs. Professor, que se propôs e deu a sua palavra que ajudaria seu aluno a emagrecer, ou aumentar a massa muscular, e alcançou, pronto, missão bem-sucedida.

E ao examinar esse ponto de vista eu passei a ter uma clareza bem maior ao realizar as minhas tarefas, porque eu sabia que estavam sendo realizadas com sucesso.

Agora o que eu tive que reformular ao longo do tempo foi o valor que eu daria para a realização do meu trabalho. Primeiro ponto foi que o meu propósito de vida estava em ajudar as pessoas a resolverem problemas, inclusive a dar solução para o monte de profissionais que não obtiveram sucesso. E quando eu passei a enxergar que o meu trabalho tinha um grande sucesso, naturalmente passei a cobrar mediante toda a entrega que é feita, já que dependo dele para também conquistar as minhas realizações. Ninguém pode mensurar ou dar valor ao seu trabalho se não for você mesmo. Hoje eu não vendo atividade física, hoje eu ajudo pessoas a reconquistarem a saúde. E quem não consegue ao menos reconhecer isso não está pronto para ser meu cliente. E está tudo bem. Em muitas oportunidades eu também já estive do outro lado.

Agora o que vai mudar a sua vida financeira será o mesmo ponto que eu enxerguei. É a valorização do seu trabalho, é você entender qual problema da vida de outra pessoa o seu propósito resolve, e qual o tamanho desse problema é para essa pessoa. A desconstrução do que você acredita hoje será peça fundamental para a reconstrução da valorização do seu trabalho. Às vezes o que precisa não é nada além do que embalar em um novo papel. Às vezes você já oferece algo extraordinário, mas que precisa ser inicialmente, reconhecido e depois revalorizado.

Por exemplo, clientes que preferem gastar com excesso de bebidas e comidas ao comprar lazer do que com o meu trabalho não conseguem reconhecer o valor que cada um tem para a sua saúde. E isso não compete mais a mim decidir.

Hoje eu aprendi a não gastar mais a minha energia com quem não reconhece a importância dela. E mais uma vez, está tudo bem, não nascemos para atender a todo mundo. E em determinado momento assim como a temática anterior, é preciso desenvolver um relacionamento de conexão leve e equilibrada. Até porque eu não resolvo o problema sozinho, preciso que o cliente faça a parte dele também.

Agora, também não podemos cair em armadilhas ao julgar os profissionais que têm posturas diferentes da nossa. Temos o dever de respeitar a todos, mesmo que não seja recíproco. O que vai importar de verdade é o seu dever de casa bem-feito, e nada mais importa.

4.6 Desapego Religioso

Eis aqui um grande pilar para a nossa saúde, e eu decidi abordá-lo de forma solo para podermos dar a atenção merecida a esse tema. Tema que para a minha vida fez a diferença negativamente, e depois de uma grande volta de entendimentos voltou a fazer parte da minha vida de uma forma muito sólida.

Primeiro, religião como já falamos serve para religar a Deus, agora vamos partir desse ponto. Eu entendo que as religiões, principalmente as castradoras, ajudam as pessoas a se manterem firmes em um propósito, entenda que existem pessoas, sim, que precisam de um temor divino para que elas possam se manter retas em suas vidas, sejam nas questões de uso de álcool, de cigarro, de drogas de uma forma geral, vícios em jogos ou até mesmo infidelidade e violência excessiva. Mas eu também concordo que há figuras religiosas que querem se aproveitar desses tipos de pessoas, se apropriando de uma força maior, porém todo o acerto de contas chegará.

Aí você me pergunta: "Leandro, você tem alguma religião?". Eu digo que não tenho nenhuma religião, porque entendi que as leis de Deus habitam em mim, e que sou o responsável por manter a ordem e a lei sobre os meus atos. Apesar de uma vez uma pessoa me confrontar quando eu disse que era cristão, que sigo os exemplos de Jesus, e ele me repreendeu na mesma hora. Dizendo que só quem era batizado na religião dele poderia ser considerado cristão. Eu logo me calei, porque entendo que não teríamos um diálogo, e eu não preciso entrar nesses tipos de discussão, porque respeito o que ele acredita, e está tudo bem.

Mas dentro de mim, nada me impede de seguir os ensinamentos de que Jesus nos deixou. Que em resumo a meu ver são apenas dois: "Amar a Deus sobre a todas as coisas" e "Ao próximo como a ti mesmo". Nisso já se resume uma vida reta.

Mas nem tudo foi tão lindo dessa forma, eu também já precisei recorrer a Deus por estar desesperado, e sim, fui atendido, porém ao passar dos dias vamos deixando aquele sentimento esfriar por não ter mais preocupações. E foi em um desses sufocos que eu pedia, pedia e nada ocorria. E eu então comecei a confrontar a existência de Deus. Ainda mais com minha criação religiosa, que nunca respondia as minhas dúvidas. Principalmente quando eu questionava, "Se existisse justiça de Deus mesmo, todos teriam as mesmas chances durante a vida", e pelo que vejo, não há nada disso. Mas para a minha surpresa, eu estava sendo levado a desconstruir tudo o que sabia sobre religião, e seguir como um grande curioso. Frequentei e busquei muitos lugares, inclusive até fiz parte da fundação de um grupo também. Mas, como eu sempre digo, o que tem dedo do homem sempre corre risco de ter interferências pessoais. Isso porque, quando estamos em determinada posição, acabamos por sermos testados. E se omitimos para nós mesmos as nossas fraquezas, a chance de sermos corrompidos é muito grande.

Por isso, atualmente sigo discreto em meus estudos sem muitos alardes, já que o que mais eu aprendi em todo esse tempo é: o que a sua mão direita faz, a esquerda não precisa saber. Trabalhar sempre a serviço do bem, sem que ninguém perceba.

Esse foi um dos meus grandes ganhos, eu entendi que me ligar a Deus e ser uma ferramenta das suas obras requer silêncio. E ainda, se colocar à disposição de fazer as suas vontades, ou seja, passei a escutar mais quem eu deveria ajudar, do que pedir para ser ajudado. Esse foi o meu maior ganho.

O meu momento de maior revolta com Deus foi no momento mais importante da minha vida, representado pela chegada do meu filho. E passei um dos maiores sustos da minha vida, com quinze dias da chegada dele, eu não teria dinheiro para comprar comida para casa. Meu estúdio ia de mal a pior! Foram três ou quatro dias de discussões ferrenhas da minha parte, é claro, porque eu não tinha nenhuma resposta. E foi ao ponto que me calei que as respostas passaram a chegar. Eu tinha que olhar para mim mesmo, ver que eu estava mal, e que ao menor sinal para pedir ajuda, a ajuda passou a chegar. Ajudas que eram parte de um grande quebra-cabeça, que eu tinha que montar. Foi algo surpreendente a forma que ocorreu, parecia que tudo se encaixava e quando menos percebi, tudo tinha passado.

Mas a grande consolidação da minha conexão com o superior foi durante a pandemia, algo que mudou o planeta inteiro praticamente. E eu também fui umas das pessoas que mudou, foi na pandemia que tive um dos cliques que mencionei, o motivo da minha decisão de emagrecer. Muita coisa mudou em minha vida, hoje eu praticamente estou em conexão o dia todo, não é apenas de manhã ou à noite, sempre tiro alguns minutinhos para me retirar para um canto quieto, e buscar conforto, sabedoria, calma. Um momento que possa renovar as minhas energias.

Algo que mudou minha vida por completo foi trabalhar a gratidão, depois que percebi que tudo que se passa em nossa vida quer ajudar de alguma forma o nosso crescimento, principalmente os grandes problemas. Eu percebo hoje que todos os nossos até então problemas são oportunidades de crescimento. Claro, eu não fico na paz diante de um problema, mas busco o mais rápido possível entender o que eu preciso tirar de lição ou mesmo me mover. A chave virou quando saí da posição de vítima para ator principal, que assume as rédeas da vida e guiando o barco da melhor forma possível.

A receita é bem simples, reclamar menos e agradecer mais. Por mais difícil que foi entender o que vou dizer agora, peço a você também que olhe com bons olhos para o que vou dizer agora, pois eu entendi o significado de justiça de Deus. Preste bem atenção, "Todo mundo tem a vida que pediu, todo mundo está passando pela fase que merece". Por algum motivo maior, eu creio que todas as dificuldades enfrentadas por todas as pessoas não são obstáculos, e sim molas propulsoras, para que elas se conectem com o que elas precisam ser de verdade. Por mais que uma pessoa esteja sofrendo muito, é sinal de que ela é forte o suficiente para aprender o que é proposto por Deus. Eu hoje não tenho mais dó de ninguém, eu respeito e oro para que possam abrir os olhos diante da sua verdade e que cada desafio que essas pessoas vêm passando seja edificante na vida de cada uma delas.

Eu aprendi que ser espiritualizado está longe de ser religioso, e que uma coisa não depende da outra. Depende única e exclusivamente da vontade de cada pessoa. E digo mais, cada pessoa tem o seu jeito, e se você não descobriu a sua ainda, que você possa descobrir, porque é libertador. Quando abrimos esse canal com o superior, é como diz o ditado: "Depois que você viu, não tem como desver".

Busque momentos de paz, momentos de calma, passe a treinar sua percepção em escutar o silêncio. Depois que você pegar o jeito, vai ver que é possível a todo momento. Basta você se ligar e pronto.

Quando falamos em conquistar algo, pode ser um corpo mais saudável, uma conquista material, passar em um concurso. Tudo isso precisa de treino, resiliência para ser trabalhado todos os dias, todos os dias. A conexão superior não é diferente. Precisa ser lapidada todos os dias, não será em um ou dois dias apenas por semana que você vai conseguir. Dê uma atenção maior para esse ponto. E descubra você por que é um dos pilares da saúde. Desafio lançado.

4.7 Desconstruindo o medo da escassez

Lembra que eu escrevi sobre as crenças limitantes que temos sobre dinheiro ou ficar rico? Chegou o momento para que possamos superar as dificuldades e dar um novo rumo em todas as áreas da sua vida, eu prometo que se você compreender o que vou te falar e aplicar tudo direitinho, sua vida vai mudar totalmente.

Nesse subtema eu não vou sequer falar de qualquer coisa que faça você se lembrar de alguma crença. Neste momento vamos elevar o nível da nossa conversa para que coloquemos definitivamente um novo rumo em sua jornada. E lembre-se, tudo que vou lhe ensinar tem que ser aplicado em todas as áreas da sua vida.

Acho que eu não mencionei nada parecido aqui antes, mas se você nunca ouviu falar ou se já ouviu e não acredita, tome isso como verdade a partir de agora. TUDO, ABSOLUTAMENTE TUDO NO UNIVERSO É ENERGIA. E se você achar ruim comigo, fique à vontade para pesquisar em física quântica.

Bom, partindo de que tudo é energia, podemos afirmar então que a energia de determinada coisa, seja ela material ou não material, vibra em determinada vibração.

Já começou a entender?

Se tudo tem uma vibração, então essa vibração possui uma sintonia, sendo assim você pode se ligar a qualquer uma, desde a mais baixa até a mais alta. Então assim podemos considerar que abundância é uma sintonia. "Ai, o que eu devo fazer então, Leandro? Você pode ser mais direto?". Sim, claro que posso, passe a vibrar em uma sintonia de abundância. Tire o que arremete o inverso da sua vida.

Olha o que você vai fazer, liste várias coisas que você quer para sua vida, pode ser desde um trabalho dos sonhos até grandes conquistas materiais, viagens etc. Depois de listar, você vai passar a ter aquilo como realizado, se for um carro, por exemplo, imagine que você já o tem, mostre essa experiência para o seu corpo, cause as melhores sensações a ponto de convencer a sua mente que aquilo é de fato real. Se você fica doente com facilidade, passe a vibrar em uma vibração mais saudável, mostre para sua mente que você tem muita saúde. Permita que as coisas boas tomem conta da sua vida, largue qualquer outro tipo de pensamentos e vibrações, caia fora de armadilhas trazidas pelos outros. Por exemplo, ficar com pessoas que vomitam insatisfações. Busque pessoas que estão na mesma direção que você, e detalhe, se não tiver ninguém por ora que esteja nessa sintonia, siga só. Porque em breve você terá pessoas com a mesma sintonia.

E uma coisa que eu passei a entender, não é a pessoa ruim que tem que transformar o ambiente, mas sim a pessoa boa.

Busque melhorar todos os dias, ou melhor, a todo momento, agradeça tudo que está em sua vida, agradeça tudo que saiu da sua vida, agradeça tudo que vai chegar em sua vida. Você merece ter a vida que sempre sonhou ter, e hoje você tem a oportunidade de começar uma nova página da sua vida. Deixe cada dia mais as páginas coloridas e cheias de vida, se permita resolver suas pendências e entregue o desejo de mudança ao universo. E que ele possa te ajudar a deixar sua vida cada dia mais reta. Da mesma forma que Deus dá a cruz ele dá a força para carregar.

Seja a primeira pessoa a dar o passo para resolver problemas ou indiferenças, seja a primeira pessoa a perdoar, e mesmo que seja algo grave, perdoar e amar o próximo não quer dizer que você tem que estar junto dele. O fato de perdoar e amar é realizado no simples fato de não desejar mal.

Quanto maiores são as minhas vibrações positivas para as pessoas, maiores são as vibrações positivas que invadem a minha vida. Escolha fazer o bem sempre, a outra parte deixe que o universo se encarrega de resolver. Não se preocupe com os detalhes.

Eu vou te contar um fato que aconteceu comigo, vou resumir. Eu tinha o sonho de ter um carro que se chama Kadett, eu sonhava tanto com esse carro, e eu era taxativo quando fazia o meu pedido. Eu desejava detalhes minuciosos no carro. Esse sonho vinha muito antes de eu tirar habilitação. Pois, um dado dia, meu pai havia comentado de um outro carro, eu tive tempo de ir ver após uns quatro dias. E quando eu fui para ver o tal carro que ele havia mencionado, quem estava ao lado do carro que ele mencionou? Sim, o Kadett, simplesmente da forma que eu havia pedido. Ou seja, pela questão dos mínimos detalhes, demorou porque tinha que ser da forma que eu pedia. Mas o carro veio exatamente da maneira que eu pedi. Após anos eu fui perceber que eu tinha manifestado esse carro nos meus pedidos. Hoje, eu otimizei esses pedidos, inclusive a vida que eu estou tendo hoje foi a vida que eu desejava há uns cinco ou sete anos atrás, já estou potencializando novamente, inclusive eu tenho alguns sonhos, porém retirei o tanto de exigências para que possam ser realizados mais facilmente... rs.

Agora a bomba está com você, lembre-se, uma vez visto, nunca mais desvisto. Agora você não pode alegar que não sabe como conquistar, você só tem que enfrentar seus desafios. Prosperar para você agora é uma questão de disciplina.

4.8 Construindo uma visão de sucesso

Após esse super convite à mudança, vamos nutrir você com uma nova visão de sucesso, para que todo o seu transbordo alcance outras centenas de pessoas, seja com a sua história, seja com sua habilidade, seja com o que for que você traz de bom para este planeta.

Quando temos um sonho que permite que muitas outras pessoas possam ser impactadas, esse sonho deve se tornar realidade. Lembra que há pouco eu disse que tudo é energia? Então eu vou te perguntar. O quanto de energia você está colocando na realização do seu sonho?

Todos nós nascemos predispostos a ajudar o planeta a evoluir, e acredite, por mais que aparentemente o meu propósito pareça idêntico ao de uma outra pessoa, pequenas coisas que não são diferentes os tornam peculiares e têm até mesmo públicos diferentes.

A maior ideia de transformação acontece primeiramente com a gente, ninguém consegue transformar alguém a não ser a si mesma. Temos que ter três coisas bem claras em nós, a primeira é que não somos salvadores do mundo. A outra é que a primeira pessoa que devemos salvar somos nós mesmos, e a terceira é que não temos o direito de tentar ajudar uma pessoa se ela não se permitir mudar.

E quando se fala em visão de sucesso, é que todos nós estamos aqui porque alguém no mundo é ressonante com a nossa energia, pessoas que vão se conectar com você não serão as mesmas pessoas que se conectam comigo. Então quanto maior o número de pessoas expondo a sua aptidão, mais e mais pessoas vamos alcançar.

Então quando temos nossa visão clara do que gostaríamos de realizar, toda vez que falamos sobre nossas intenções sentimos o nosso propósito de vida saltar por todas as nossas veias e artérias, iremos de encontro a algo superior inexplicável que só você será capaz de transmitir. Cultive cada dia mais esse fogo ardente que pulsa dentro de você, para que muitas outras pessoas sejam impactadas.

Se permitir descobrir o seu propósito de vida e ainda deixar que o seu transbordo flua por outros afluentes é verdadeiramente um propósito bem-sucedido.

Quantas pessoas não precisam ter acesso ao meu processo de transformação, quantas pessoas terão a oportunidade de se fortalecer ao lerem esta obra, e mudar definitivamente, virar a página de suas vidas. O maior processo que podemos realizar é nosso, e acredite, todos nós temos uma grande história de superação para contar, e que ao contar vamos encontrar pessoas ressonantes.

Não existe o melhor momento para começar, o que é preciso é ser humilde e flexível para poder mudar quando for a hora.

4.9 O ciclo contínuo da desconstrução

Passamos por vários pontos importantes aqui neste livro, simplesmente para ajudar a clarear e fortalecer o pensamento, que diante da vida não existe rigidez, não existe a última lição, temos que entender que nossa vida sempre estará em transformação. Às vezes o que eu sei hoje não vai me servir amanhã. Porque talvez se eu não mudar eu pare no tempo.

Nosso planeta é muito dinâmico, quando menos percebemos muitas coisas já mudaram. E cabe somente a nós termos a flexibilidade de nos adaptar a essas mudanças.

A nossa trinca do crescimento é indispensável para manter-nos em constante evolução: aprender, desaprender e reaprender. Talvez seja algo que nunca saia de cena. Já que em nossas constantes mudanças, precisamos abrir espaço para o novo entrar.

Adote para a sua vida o quanto antes o princípio da evolução constante. Seja uma pessoa que se permite ser flexível diante da vida. E deixar fluir todo o processo de desconstrução e reconstrução. Podemos enfatizar dizendo que até a água do rio parada apodrece. O rio tem um fluxo contínuo de renovação, e a nossa vida segue conforme o leito de um rio, renovação constante. Se permita se desconstruir e reconstruir um eterno aprendiz da vida.

Voltando na historinha da família que viu as oportunidades chegaram em sua vida, e acabou se permitindo passar por transformações incríveis, já que por mais que tinham medo da mudança, eles conseguiam ver o que estava por trás da mudança, e tudo o que ela poderia trazer de novo para a vida deles.

Pois bem, a indústria deu tão certo que a casa que fica em cima da fábrica teria que se transformar em área administrativa. Pois a fábrica passaria por aumento de funcionários. Mas para a alegria da família, a fábrica permitiu que a família pudesse, enfim, comprar a sua casa dos sonhos em um outro lugar.

Durante o primeiro jantar na casa nova, a família relembrava todo o processo que haviam passado juntos. Quando a mãe trouxe até a mesa uma caixinha de sapato, todos perguntaram o que era aquilo, quando ela abriu, todos viam papéis com desenhos, outros com escritos, o pai muito emocionado pôde relembrar olhando cada pedaço de papel o quanto ele e sua esposa evoluíram com todas essas fases vividas. E a maior lição que poderiam levar é sempre se permitir mudar e nunca interromper o fluxo da vida, por medo ou insegurança.

Confiar na sua verdade, e evidenciar sempre que possível as suas vontades e desejos, porque na hora que a oportunidade chegar até você, você não terá dúvida de qual decisão tomar. De qual caminho escolher. Tenha sempre um plano ao qual você deva seguir, mantenha seus sonhos vivos e sempre peça do fundo do seu coração, para que não lhe restem dúvidas quando o verdadeiro momento que manifestou por anos e anos de sua vida esteja enfim se aproximando. Isso nada mais é do que um profundo desejo se manifestando. E que você tenha clareza suficiente para reconhecer e receber tudo que está chegando de novo em sua vida.

    Dessa forma eu me despeço desejando que este conteúdo possa não só trazer momentos melhores para você e sua família. Manifestando aqui todos os meus melhores e maiores sentimentos de gratidão por fazerem parte desta minha realização. E que possam ter paciência, resiliência, paz e fé na execução de todos os passos de sua vida.

CONSIDERAÇÕES FINAIS

Este rico material foi construído a partir do meu próprio olhar de espectador sobre todos os acontecimentos não só exemplificados aqui, mas também por muitos outros episódios que ficaram marcados em minha vida. Enganam-se as pessoas que dizem que suas histórias não são grandes o suficiente para serem feitas de referência, muito pelo contrário, todas as pessoas que desejam evoluir devem olhar sim para as suas histórias e retirar as suas lições para desconstruir o que for necessário para que possam avançar mais um degrau em sua evolução.

A observação principal que deve ser feita é sobre as crenças que irão nos prender em um calabouço profundo, em que quem carrega a chave para se libertar é o próprio prisioneiro.

Temos sempre que ter a coragem de nos olharmos com mais firmeza e nos colocar em posição de desconforto, para que possamos progredir como seres que merecemos ser. Não se permita viver com migalhas. Se permita buscar cada vez mais o que você merece ter de verdade.

A única posição que não devemos seguir é a de vítima, se permita protagonizar em sua vida. Não permita ser quem as pessoas queiram que você seja, por mais que você fique só, se permita ser quem você é de verdade, logo, logo você estará com pessoas que valorizam quem você é de verdade. Mas isso só vai acontecer quando você for a primeira pessoa que permitir.

A maior lição que eu posso deixar para você aqui é acreditar na força da cocriação, que se dá por meio do pensamento.

Tudo aquilo que você almeja e sonhar alcançar está muito mais próximo do que você possa imaginar. Você só precisa se permitir acreditar e colocar em ação.

Quer o último exercício para levar para a vida toda?

Sempre coloque para você mesmo que você já possuiu aquilo que deseja. Se permita sentir que aquilo já é seu, que você merece aquilo que deseja. Mostre para o seu cérebro que já é seu, quando você estiver vivendo de verdade a sensação que aquilo que deseja é seu, pode ter certeza de que será.

Da mesma forma que eu cocrio a minha realidade, eu consigo moldar a minha mentalidade, construir uma única vez algo, não quer dizer que tem que durar para sempre. Para crescermos precisamos aprender a desconstruir, aprender a desapegar, aprender a literalmente jogar fora o que não nos serve mais, e enfim dar lugar ao novo, reaprender, se permitir estar no lugar de aluno. Pois sendo humilde e flexível você é a chave do acesso infinito para qualquer lugar que quiser.